칸트,
근세 철학을 완성하다

10대에 마주하는 인문 고전_04

칸트, 근세 철학을 완성하다

1쇄 인쇄 2017년 3월 20일 **1쇄 발행** 2017년 3월 25일

지은이 강성률
펴낸곳 글라이더 **펴낸이** 박정화
편집 강경수 김송이 **디자인** 디자인뷰 **일러스트** 안희원 **마케팅** 임호

등록 2012년 3월 28일 (제2012-000066호)
주소 경기도 고양시 덕양구 은빛로 43 (은하수빌딩 8층 801호)
전화 070) 4685-5799 **팩스** 0303) 0949-5799 **전자우편** gliderbooks@hanmail.net
블로그 http://gliderbook.blog.me/
ISBN 979-11-86510-40-7 44160
　　　979-11-86510-15-5 (세트)

이 책은 한국출판문화산업진흥원의 출판콘텐츠 창작자금을 지원 받아 제작되었습니다.

책값은 뒤표지에 있습니다.
잘못된 책은 바꾸어 드립니다.

이 도서의 국립중앙도서관 출판예정도서목록(CIP)은 서지정보유통지원시스템 홈페이지
(http://seoji.nl.go.kr)와 국가자료공동목록시스템(http://www.nl.go.kr/kolisnet)에서 이용하실 수
있습니다.(CIP제어번호: CIP2017005965)

글라이더는 존재하는 모든 것에 사랑과 희망을 함께 나누는 따뜻한 세상을 지향합니다.

10대에 마주하는 인문 고전_04

칸트,
근세 철학을 완성하다
Immanuel Kant

강성률 지음

글라이더

"10대, 책을 통해 세상과 마주하라!"

10대에 만나 평생을 사는
활력장치를 가질 수 있는 책!

어디로 가는지도 모를 교육 광풍의 전쟁터에서 아이들은 저항조차 못하고 그 상처는 실로 처참합니다. 소위 금수저를 물려주지 못해 늘 가슴 한켠이 시린 부모들은 아이들 보다 더 아픕니다.

경제적인 잣대로만 사람을 저울질하는 세상에 끌려다니지 말고 우리 모두 그 잣대를 내려놓아버리면 어떨까요. 지금 당장 나부터 그렇게 하는겁니다. 그러면 누구도 그 잣대로 억울한 꼴을 당하지 않아도 될 텐데요.

우리 아이들이 저마다 자기 빛깔에 자긍심을 회복하고 아름다운 자기만의 향기를 지켜낼 마음의 근력을 키워가며 〈10대에 마주하는 인문 고전〉 시리즈를 만나 평생을 사는 활력장치를 가질 수 있길 바랍니다.

– 학교도서관문화운동네트워크 사무처장 김경숙

거인의 어깨에서 세상을 보는 책!

10대는 자신과 이웃, 세상, 자연, 우주 등에 대해 늘 질문을 던지며 새로운 지식과 지혜를 배우는 시기입니다. 그러기 위해서는 무엇보다도 친구가 필요합니다. 친구와 함께 질문을 던지고 답을 찾는 모험을 떠나보길 권합니다. 더 많은 모험을 하는 데에는 역시 책이 큰 도움이 됩니다. 다른 세상으로 들어갈 수 있는 문인 책은 읽는 사람 누구든지 자유로운 상상을 통해 어디라도 데려다 줍니다.

　책 가운데서도 오랜 역사를 통해 수많은 사람들에게 도발적인 질문을 던지고 무한한 상상으로 한계를 극복하게 해준 책이 고전입니다. 그래서 10대에는 이들 고전을 꼼꼼하고도 정열적으로 읽어야 합니다. 그래야 인류가 지나오면서 단단하게 쌓아온 정당한 질문과 해답 찾기를 내 것으로 만들 수 있습니다. 그런 연후에 새로운 상상과 생각을 가질 수 있고, 그것이 더 나은 세상을 만들 것입니다. 그것이 성장이고 진보입니다.

　그런 점에서 〈10대에 마주하는 인문 고전〉 시리즈는 거인의 어깨와도 같습니다. 더 높은 곳에 올라 더 넓은 세상을 볼 수 있도록 도와줍니다. 이 책을 읽을 때에도 그저 맹목적으로 읽는 것이 아니라 그 내용 하나하나를 꼼꼼하게 분석하고 도전하고 끝까지 파헤쳐, 나 자신을 제대로 만들어 가는 도구로 삼기를 바랍니다.

– 도서관문화비평가 **이용훈**

청소년을 위한 인문 교육, 철학 교육, 역사 교육, 시민 교육, 진로 교육, 노동 교육, 독서 교육, 공부 방법을 이 한 권에!

〈10대에 마주하는 인문 고전〉 시리즈는 그 내용을 친근한 어투로 설명해줍니다. 지은이 자신의 체험까지 곁들여 가며 참으로 친절하게 설명해주지만 그 메시지는 결코 무르지 않습니다. 생각에 그치지 말고 실천하라는 것, 그것을 통해 세계를 변화시키라는 것입니다.

지은이는 독자들에게 '다른 시선을 통한 변화'를 얘기합니다.

"세상은 다르게 바라보는 사람에 의해 항상 변해 왔다는 것을 잊지 말라"고 당부합니다. 여기서 말하는 '다르게 보기'는 의심하고 분석하는 것, 곧 '달리 생각하기'이고, 나아가 '주체적으로 살아가기'입니다.

결국 그로부터 '세상의 변화'가 움틀 것입니다. 그 변화 속에서 새로운 사회, 새로운 문화, 새로운 환경이 만들어질 것입니다.

〈10대에 마주하는 인문 고전〉 시리즈는 청소년들의 생각이 자라나게 하는 인문 교육, 철학 교육, 역사 교육, 시민 교육, 진로 교육, 노동 교육, 독서 교육, 공부 방법 등 여러모로 쓸모가 있는 책입니다.

– 학교도서관저널 주간 **연용호**

새로운 질문을 통해
새로운 사회를 만나는 안내서!

인문학 열풍은 남녀노소를 불문하고 우리사회의 '대화와 소통'이라는 큰 화두를 계속 던지며 여러 생각과 사상이 어우러지는 융합·통합하는 세상을 그리고 있습니다.

청소년의 키워드는 '성장', '젊음', '저항'입니다. 이것이 청소년기를 이끌어가는 동력이며, 다양한 학문과 사상을 만나고, 질문과 탐구를 배우는 시기입니다. 삶에서의 찬란함, 웅장함, 가능성 등 많은 에너지를 얻는 것이지 어떠한 결과를 내는 시기가 아닙니다. 그러한 맥락에서 청소년기의 독서는 매우 훌륭한 밑거름이 됩니다.

〈10대에 마주하는 인문 고전〉 시리즈는 어렵게만 느껴지던 이론과 학문을 청소년의 시각에서 잘 풀어내며 우리사회의 문제제기를 통해 여러 질문을 접하고 사색하는 기회를 제공해 줍니다. 독자는 사색하는 과정을 통해 '새로운 질문'을 발견할 것이며 앞으로 탐구할 수 있는 역량을 기르는 계기가 될 것입니다.

〈10대에 마주하는 인문 고전〉 시리즈를 통해 질문과 탐구라는 훈련을 거쳐 향후 어떠한 과정에서도 한 곳에 치우쳐 선택하거나 그 가치를 부정하는 것이 아닌 새로운 방법과 의견을 제시할 수 있는 현명함과 그 토대를 형성하기를 바랍니다.

– 응암정보도서관 사서 **강찬욱**

　북부 유럽의 작은 항구 도시에서, 말발굽이나 채찍을 만들어 팔던 가난한 아버지의 9남매 가운데 넷째로 한 아이가 태어났습니다. 그는 여덟 살에 초등학교에 들어갔지만, 가난한 가정형편 때문에 주위 사람들의 도움을 받아야 했지요. 그는 매일 아침 예배로 시작되는 일과와 기도로 시작하여 기도로 끝나는 수업에 싫증을 내기 시작합니다.

　160센티미터도 되지 않는 키에 기형적인 가슴, 구부러진 척추에 마른 몸매, 매우 약한 근력을 가진 그가 진실로 믿고 따랐던 어머니는 그의 나이 열세 살 때, 세상을 떠나고 말았지요. 열여섯 살부터 스물두 살 때까지 이어진 대학생활은 구둣방을 경영하는 큰아버지의 도움과 성적이 뒤떨어진 친구들의 공부를 도와주는 아르바이트로 학비를 조달했고요. 대학을 졸업할 무렵 갑자기 아버지가 사망해서, 생활비를 마련하기 위해 어느 시골로 내려가 개인교사 생활을 시작합니다. 그러나 그가 가르쳤던 소년은 훗날 정신병원에서 생을 마감하고 말지요.

학위과정을 마친 그는 대학에서 시간강사로서의 삶을 시작합니다. 하지만 그가 가르쳐야 할 과목은 실로 많은데다, 담당시간 또한 주당 20시간에 이르렀습니다. 지루하고 무의미하게 느껴지는 이 중노동을 청산할 수 없었던 까닭은 바로 돈 때문이었습니다. 그는 자기 자신의 생활비뿐만 아니라, 동생들을 위해서도 돈을 벌어야 했거든요.

그는 자신의 모교에 여러 차례 교수직을 지원했습니다만 번번이 실패했지요. 맨 처음 기회는 전쟁이 임박해 있는 상황에서 정부의 재정긴축 정책 때문에 사라졌고, 두 번째 기회는 당시 그 지역을 점령한 러시아군의 사령관이 다른 사람을 지명하는 바람에 물거품이 되었지요. 세 번째 기회는 스스로 사양합니다. 자신에게 어울리는 자리가 아니라는 이유를 댔지요. 마지막 기회는 그의 나이 마흔여섯 살에 찾아오는데, 이때는 이미 상당한 명성을 얻은 후였습니다.

독자들께서 벌써 짐작했듯이, 이 스토리의 주인공은 바로 임마누엘 칸트(Immanuel Kant)입니다. 우리가 온갖 어려움을 극복하고 마침내 승리의 월계관을 머리에 쓴 인물을 영웅이라 부른다면, 이 철학자야말로 그렇게 불러도 손색이 없을 것입니다. 왜냐하면, 그는 앞에서 말한 모든 약점들과 악조건을 이겨내고 인류에 놀랍고도 독특한 철학적 유산을 물려주었기 때문입니다.

칸트는 연약한 육체를 끊임없이 어르고 달래며, 살얼음 걷듯 살았습니다. 시계바늘처럼 정확하고 규칙적인 생활 리듬을 지키며, 자로 잰 것 같은 스케줄을 이어나갔지요. 먹는 일 또한 매우 조심스럽게, 적은 양으로 만족했고요. 건강에 해로운 일은 결사적으로 피했습니다. 잠을 잘 자기 위해 몸부림쳤고, 하루도 산책을 거르지 않으려 애를 썼습니다. 공부에 지장을 주는 일은 철저히 피했고, 시간낭비를 가져올 어떤 약속이나 자리도 거절했습니다. 마치 미사일이 한 목표를 향해 곧장 날아가듯, 자신의 철학을 완성하기 위해 오직 한 길을 걸었던 것이지요. 하루 식사를 한 끼로 때웠고, 결혼하지 않은 채 독신으로 지냈으며, 평생 그 도시를 떠나지 않았습니다. 여행이나 오락 등에도 관심이 없었지요.

그렇다면 과연 칸트가 남긴 철학적 업적은 무엇일까요? 다 아시다시피 중세는 기독교적 신앙이 사회 전체를 지배하는 시대였습니다. 따라서 이때의 철학은 '신학의 시녀'로 불릴 만큼 기독교 쪽에 기울어져 있었지요. 그런데 근세 초기에 자연과학의 발달과 휴머니즘, 르네상스, 종교개혁과 같은 사건들이 등장하며 분위기가 전환되었습니다. 그 결과 철학에서도 도전적인 이들이 나타났습니다. 이탈리아의 마키아벨리와 영국의 홉스가 그들이지요. 이들은 "인간의 본성은 악하다"는 전제 아래, "목적 달성을 위해서는 어떤 수단 방법도 정당화될 수 있다"(마키아벨리)거나 "모든 사람은 모든 사람에 대해 투쟁관계에 있다"(홉스)고 주장하였습니다. 이와 같은 도발적인 사상에 이어, 인간의 선천적인 인식 능력을 강조하는 합리론과 후천적인 경험을 높이 사는 경험론이 등장하면서 서로의 입지를 다져나가기 시작했지요.

칸트가 걸어갔던 세계는 바로 이런 곳이었습니다. 그는 철학을 갓 시작할 즈음에는 아마 대륙의 합리론 쪽에 서려 했던 것 같습니다. 하지만 흄의 경험론적 철학을 만나면서 생각이 바뀌었지요. 그 자신이 '독단의 잠'에서 깨어났다고 고백한 바 있듯이, 경험론적 입장을 무시할 수 없었던 것이지요. 바로 여기에서 합리론과 경험론을 종합한 그의 독창적이고도 고유한 철학, 즉 선험(先驗)철학이 태어났습니다. 이를 통해 칸트는 당시의 경험론과 회의주의, 공리주의, 유물론의 공격으로부터 신이나 영혼 불사, 윤리적 세계, 종교 등 전통적 가치들을 지켜낼 수 있었지요.

칸트는 평생을 철학에 바쳤고, 인생의 황혼기에 많은 것을 이루었습니다. 인간 인식의 근원을 밝혀낸 《순수 이성 비판》은 인류 역사상 전무후무한 명저가 되었거니와, 윤리학과 미학, 종교론, 영구 평화론에 이르기까지 모두가 찬탄해마지 않는 성과를 일구어낸 것입니다. 또 한 가지, 우리가 주목해야 할 점은 끊임없는 진리 탐구의 자세입니다. 어떠한 권위에도 압도당하지 않고 어떠한 편견에도 흔들리지 않은 채, 자기 자신의 독창적인 사고와 진리의 준엄한 명령에 따라 오직 앞만을 바라보고 뚜벅뚜벅 걸어 나간 작은 거인, 그가 바로 칸트입니다. 칸트철학이 후대에 미친 영향력에 대해서는 이루 다 말할 수 없을 정도이거니와, 19세기 철학사는 거의 대부분이 칸트 사상에 대한 해석이라 해도 지나친 말이 아닐 것입니다. 그가 죽을 때 남긴 말은 "아주 좋다!"였지요. 스스로의 뒤틀린 운명을 바로잡고, 혼란한 철학에 한 줄기 빛을 남긴 사람에게 참으로 어울리는 말이었습니다.

흔히 세계 4대 성인으로 동양의 공자와 석가모니, 서양의 소크라테스와 예수를 듭니다. 하지만 4대 성인을 처음 꼽았던 일본의 이노우에 엔료는 원래 예수 대신 칸트를 집어넣으려 했었다고 합니다. 이 학설의 진위 여부를 떠나, 칸트를 성인의 범주에 넣는 것은 전혀 이상할 일이 아닐지도 모릅니다.

이 책은 철학자 칸트와 인간 칸트, 둘 다 다룹니다. 그의 고향, 조상, 출생, 부모와 형제자매, 친구들로부터 그의 철학이 나오게 된 배경과 가장 중요한 저서의 핵심내용, 삶에 얽힌 에피소드에 이르기까지 완벽한 설명을 시도하였습니다. 어렵고 딱딱하게 느껴지는 그의 철학은 되도록 쉽고 흥미 있게 전개시키려 노력했고요.

흔쾌한 마음으로 이 책을 출간해주신 박정화 대표님과 임호 실장님, 훌륭한 삽화를 그려주신 안희원 작가님, 그리고 겨우내 원고와 씨름하신 강경수, 김송이 편집자님께 감사의 말씀을 전하고 싶습니다.

아무쪼록 독자들께서 가벼운 마음으로 읽어주셨으면 하는 바람입니다.

2017년 봄
강성률

| 차례 |

추천사 _ "10대, 책을 통해 세상과 마주하라!" · 04

머리말 · 08

[Part 1] 비판철학의 정수를 선보인 칸트의 생애

　　　　1. 규칙적이고도 금욕적인 생활 · 21

　　　　2. 고단했지만 열심히 살아낸 10대 · 31

　　　　3. 평생 독신으로 지낸 철학자 · 59

　　　　4. 위대한 철학자의 마지막 모습 · 67

　　　　★ 생각이 자라는 질문 · 80

[Part 2] 칸트 철학의 역사적 배경

　　　　1. 중세에서 근세로 · 84

　　　　2. 인간다움의 발견, 휴머니즘 · 89

　　　　3. 고대 정신의 부흥, 르네상스 · 94

　　　　4. 성경으로 돌아가라, 종교개혁 · 103

　　　　5. 도발적인 사상, 새로운 철학 · 110

　　　　6. 대륙의 합리론 · 116

7. 영국의 경험론 · 126

★ 생각이 자라는 질문 · 136

[Part 3] 명저《순수 이성 비판》의 탄생

1. 비판 전기 · 141

2.《순수 이성 비판》탄생의 철학사적 배경 · 149

3.《실천 이성 비판》에 대한 분석 · 178

4. 칸트의 다른 저서들 · 202

★ 생각이 자라는 질문 · 230

[Part 4] 칸트 철학에 대한 평가

1. 칸트 철학을 정리하면서 · 232

2. 칸트 철학에 대한 비판적 시각 · 235

3. 칸트 철학에 대한 변호 · 239

4. 위대한 철학자 · 243

★ 생각이 자라는 질문 · 248

부록_ 칸트 연보 · 249

참고문헌 · 250

비판철학의 선구자이자 가장 위대한 철학자 칸트

▲ 임마누엘 칸트(Immanuel Kant, 1724년 4월 22일~1804년 2월 12일)
독일의 철학자이자 계몽주의 사상가다. 1724년에 북부 유럽의 작은 항구 도
시인 쾨니히스베르크에서, 말발굽이나 채찍을 만들어 파는 가난한 아버지의
9남매 가운데 넷째로 태어났다. 르네 데카르트의 합리론과 프랜시스 베이컨
의 경험론을 종합했고, 철학적 사유의 새로운 한 시대를 열었다. 인식론 · 윤
리학 · 미학에 걸친 종합적 · 체계적인 작업은 이후의 철학 이론에도 큰 영향
을 주었다. 《순수 이성 비판》 외에 《실천 이성 비판》, 《판단력 비판》 등 다수
의 저서를 남겼다.

▲ 칸트가 재학, 재직했던 쾨니히스베르크 대학의 옛 모습

Kant's
gesammelte Schriften

Herausgegeben
von der
Königlich Preußischen Akademie
der Wissenschaften

Band V

Erste Abtheilung: Werke
Fünfter Band

Berlin
Druck und Verlag von Georg Reimer
1908

Critik
der
reinen Vernunft

von

Immanuel Kant
Professor in Königsberg.

Riga,
verlegts Johann Friedrich Hartknoch
1781.

▲ 《판단력 비판(Kritik der Urteilskraft)》의 표지

▲ 《순수 이성 비판(Kritik der reinen Vernunft)》의 표지

IMMANUEL
KANT

1724 · † 1804

ZWEI DINGE ERFÜLLEN DAS GEMÜT
MIT IMMER NEUER UND ZUNEHMENDER
BEWUNDERUNG UND EHRFURCHT,
JE ÖFTER UND ANHALTENDER SICH DAS
NACHDENKEN DAMIT BESCHÄFTIGT, DER
BESTIRNTE HIMMEL ÜBER MIR UND DAS
MORALISCHE GESETZ IN MIR.

▲ 칼리닌그라드에 있는 칸트의 묘석
《실천 이성 비판》의 한 문장이기도 한 "나가 오랫동안 생각하면 생각할수록, 감탄고외경(畏敬)을 내 마음 속에 채우는 두 가지가 있다. 그것은 내 머리 위의 별이 총총한 하늘과 내 마음속의 도덕률이다."가적혀있다.

BUNDESREPUBLIK DEUTSCHLAND 1974
5 DEUTSCHE MARK

1724
1804
IMMANUEL
KANT

▲ 칸트의 탄생 250주년을 맞이하여 독일에서 발행한 기념은화(1974년)

Part 1

비판철학의
정수를 선보인
칸트의 생애

　160센티미터도 되지 않는 키에 기형적인 가슴, 구부러진 척추에 마른 몸, 힘은 약했고, 가정 형편도 넉넉지 않았습니다. 어릴 적에는 어머니가, 대학 시절에는 아버지가 돌아가시면서 홀로 그 자신과 가족의 생계까지 책임져야 했지요. 철학자 칸트 이전에 인간 칸트의 삶은 오늘날 우리가 생각해봐도 그리 녹록치 않습니다. 하지만 그는 그 스스로 세운 규칙을 고수하며 건강을 유지함으로써, 정신을 한결같이 집중할 수 있었기에 나무랄 데 없는 건강을 누리면서, 당시 독일인의 평균수명을 두 배나 뛰어넘는 80세까지 장수하였습니다. 가족에게는 풍족한 유산을 물려주었고, 살아가며 어려운 사람을 돕기도 했지요. 무엇보다 그는 우리 인류에게 그만의 철학, 이른바 칸트 철학이라는 지적 유산을 남겼습니다. 역경을 딛고 자신뿐 아니라 세계까지 이끌어간 진정 철인이라 부르기에 부족함이 없는 사람이었지요.

모든 신체의 약점들과 악조건을 이겨낸 칸트

　칸트에 관한 첫 이야기는 그의 건강에서 시작해야 할 것 같습니다. 칸트의 신체 조건은 남들에 비해 그리 좋지 않았습니다. 작은 몸,

구부정한 신체에 일찍부터 한쪽 눈이 보이지 않는 사람이었고, 그나마 남은 눈도 평생 동안 점점 나빠져만 갔습니다. 이러한 칸트에게 철학과의 싸움은 곧 자신의 신체와의 싸움이기도 했습니다. 이를 위해 칸트가 선택한 방법은 합리적인 생활 습관이었지요. 그는 책을 쓰거나 읽을 때도 운동부족을 염려하여 멀리 떨어진 의자에 수건을 걸어놓았습니다. 그렇게 되면, 억지로라도 걷지 않을 수 없기 때문이지요. 또 낮잠을 피하려 애를 썼고, 점심 후에는 자리에 앉는 대신 서 있는 쪽을 선택하였습니다. 그 외에도 자기 자신만의 건강법을 정해, 평생 이를 지키며 살았습니다.

그의 건강법 제 1조는 자신이 옳다고 믿는 일을 과감하게 밀고 나가는 것이었습니다. 무엇보다 그는 도덕적 극기심을 강조했습니다. 몸이 마음에 영향을 끼치기도 하지만, 거꾸로 마음이 몸에 영향을 준다는 사실을 실제로 보여준 인물이 바로 칸트였지요. 되도록 명랑하게 살면서 가까운 이웃들과 쾌활한 대화를 즐긴 일 역시 그 자신의 건강과 관련이 있다고 생각한 때문이 아닐까요?

칸트는 아무리 심한 병에 걸렸어도, 하루에 약 두 알 이상을 절대로 먹지 않는다는 규칙을 지켰습니다. 그는 지나치게 많은 약을 먹고 죽은 어떤 사람의 묘비에 새겨진 글을 자주 인용하였습니다.

"무명씨(無名氏, 이름을 알 수 없는 어떤 사람)는 건강하였다. 그러나 그는 더 건강하기를 바랐기 때문에, 여기에 누워있다."

이처럼 엄격한 자기 관리에서 힌트를 얻은 칸트는 작은 책자에서, 건강과 관련한 내용들을 다루기도 하였는데요. 대략 이런 것들이었습니다. '잠에 관하여', '먹고 마시는 데 관하여', '고민으로 생기는 병적인 느낌에 대하여' 등. 건강에 대한 지나친 관심 때문인지, 지금의 우리가 생각할 때에는 더러 이상한 대목도 눈에 띕니다.

"모든 사람에게는 처음부터 숙명적으로 일정한 양의 잠이 배정된다. 어른이 되어 자신의 활동시간 중 너무 많은 시간을 잠에 할애한 사람은 자신에게 오랜 시간 동안 자지 않을 것을 약속할 수 없을 것이다. 다시 말해, 오래 살기를 바랄 수 없을 것이다."

이 말은 잠을 충분히 자는 것도 좋지만, (특히 낮 시간에) 너무 많이 자는 것은 건강에 도움이 되지 않는다는 뜻이겠지요.

교수들의 가장 큰 골칫거리인 건망증에 대해서도, 칸트는 이상한 치료 방법을 개발했습니다. 그의 곁에서 38년간 함께한 하인 람페를 해고하였을 때, 그로 인해 생겨나는 주변 세계의 변화를 힘겹게 참아내야 했지요. 그래서 그는 그 일에 대해, 더 이상 생각하지 않기로 마음을 먹습니다. 그리고 이 결심을 다시는 잊지 않기 위해, 자기 자신에 대해 이런 경고문을 붙여놓았습니다.

"람페는 잊어버려야만 한다!"

이제 칸트의 삶과 그를 둘러싼 환경에 대해 알아보지요.

1

규칙적이고도 금욕적인 생활

칸트의 전매특허(어떤 사업을 독차지하는 일)라고 할 수 있는 규칙적인 하루 일과는 노인이 되어서도 매우 엄격하게 짜여 있었습니다.

그는 여름이건 겨울이건, 항상 매일 아침 5시 정각에 일어났지요. 4시 45분이면 전직 군인이던 하인 람페가 큰소리로 "이제 시간이 되었습니다!"라고 소리치며 그를 깨웠습니다. 그는 주인이 일어나기 전에는 절대로 침대를 떠나지 않았는데, 어떤 경우에라도 자신의 생활 습관을 지키고 싶었던 칸트의 당부를 받았기 때문입니다.

자리에서 일어난 칸트는 아침식사 대신으로 두 잔의 차를 마시고, 항상 같은 모자를 쓴 채 하루 분량으로 허용된 파이프 담배 한 대를 피웁니다. 규칙적인 시간표에 따라서 그다음에는 잠옷, 덧신,

수면용 모자를 쓴 채, 서재에서 공부(논문 집필, 강의 준비 등)를 하고요. 이어서 약 2시간 동안(오전 7시~9시) 자기 집이나 혹은 학교에서 강의를 했습니다. 9시~12시 45분에는 집으로 돌아와 실내복으로 갈아입고 집필을 했지요.

12시 45분, "수프가 식탁 위에 준비되어 있습니다!"라고 외치는 람페의 음성을 듣고 칸트는 식탁으로 걸음을 옮깁니다. 오후 1시 45분에는 식탁 동료(대부분 학자들보다는 사회인들이었음)를 맞이하여, 점심 식사를 하였지요. 칸트는 하루 한 끼 점심만 먹었기 때문에, 대개 맛있는 음식이 나옵니다. 메뉴는 버터, 치즈, 수프, 야채, 어육(魚肉, 생선의 고기), 불고기, 과일 그리고 포도주 등이었고요. 칸트는 특히 치즈를 좋아하였는데, 나이가 들어 중병으로 의식 불명이 된 것 역시 이 치즈를 너무 많이 먹었기 때문이라고 합니다. 어떻든 그는 점심시간 때 철학을 제외한(어려운 철학이야기를 하면, 손님들이 지루해 할 위험이 있다고 염려했기 때문) 다양한 주제를 놓고, 손님들과 많은 얘기를 나누었습니다. 오후 3시~4시 무렵까지 대화를 나누다가 그 유명한 산책을 떠나는데, 비가 오거나 눈이 오거나 변함이 없었습니다.

시계바늘처럼 정확한 산책

대개의 독일인들은 산책을 좋아하며, 또 추운 나라(특히 칸트의 고향인 쾨니히스베르크는 독일 안에서도 북쪽에 위치하고 있었음)의 형편상 건강을 유지하는데 산책이 필요하기도 했거든요. 어김없이 산책을 떠나는 칸트의 모습에 대해서는 어떤 전기(傳記) 작가의 말을 빌려보도록 하겠습니다.

"이웃 사람들은 회색 연미복(남자용 서양 예복. 양쪽으로 갈라져 길게 내려온 뒷부분이 마치 제비의 꼬리처럼 보임)을 걸친 칸트가 스페인제 스틱을 들고 대문을 나서서 산책하는 것을 보고, 그때가 바로 오후 3시 30분이라는 것을 분명히 알 수 있었다. 오늘도 그를 추념하는 뜻에서 '철학자의 길'이라고 불리는, 보리수가 늘어선 이 산책로를 그는 사계절 중 어느 때나 똑같이 여덟 번 아래위로 거닐었다. 날씨가 흐리거나 먹구름이 끼어 곧 비가 내릴 듯하면, 하인이 큰 우산을 팔 밑에 끼고 그의 뒤를 총총걸음으로 쫓아간다."

칸트는 대개 혼자서 조용히 사색을 하면서 산책을 하였습니다. 다른 사람이 옆에 있을 때는 자연히 말을 많이 하게 되고, 자신도 모르게 입으로 숨을 쉬게 되어, 폐에 찬 공기가 직접 들어갈 수 있다고 염려했기 때문이지요. 그는 걷는 동안 가끔 떠오르는 아이디어들을 메모지에 기록하기도 했습니다. 산책을 하는 동안, 땀을 흘리지 않으려 애를 썼는데요. 왜냐하면, 땀을 흘리는 것이 자신의 체질상 좋지 않다고 믿었기 때문입니다.

칸트는 평소 스스로를 꾸미거나 위선을 떠는 타입은 아니었지만 복장과 태도에는 꽤나 신경을 쓰고 치장을 했지요. 그러나 이 역시 자기를 실제 이상의 인물로 보이게 하거나 과시하기 위해서가 아니라, 그것이 하나의 미덕이자 사교상의 의무라 여겼기 때문입니다.

산책하는 중에도 아무렇게나 돌아다니는 것이 아니라, 항상 일정한 행로를 따라 걸었습니다.

칸트는 늙어서 산책이 힘들어질 때까지, 한 번도 규칙적인 산책을 거른 적이 없었습니다. 그리하여 이웃에 살던 쾨니히스베르크 사람들은 칸트의 하루 움직임을 보고, 시계바늘을 맞출 정도였다고 합니다.

산책에서 돌아온 칸트는 저녁에 여행기 등 가벼운 책을 읽다가, 오후 10시 절대적 안정 속에 잠자리에 들었습니다. 나이가 들어서는 이 밤 시간에 지나친 독서를 하지 않으려 하는 등 건강에 매우 주의를 기울였습니다.

어떻든 칸트의 하루 일과표는 시계처럼 정확했습니다. 하지만 평생 동안 이 일과표에서 딱 두 번 벗어난 적이 있었다고 합니다. 그것은 루소의 《에밀》을 읽다가 산책의 때를 놓친 때와 프랑스 대혁명의 소식이 실린 신문 기사를 읽은 때였습니다. 칸트는 규칙적인 생활이 건강을 유지해줄 뿐 아니라, 공부할 시간을 버는 데에도 유용하다고 판단했던 것 같습니다.

규칙적인 생활이 건강 유지와 시간 활용에 왜 도움이 될까요? 우리의 신체는 불규칙적일 때보다 규칙적으로 움직일 때, 저항을 적게 받고 그에 따라 에너지 소모가 적겠지요. 하루 중 똑같은 시간에 늘 해오던 방식대로 식사를 하면, 입맛도 좋고 소화도 잘되고요. 똑같은 시간에 잠을 자면, 잠도 잘 올 것입니다. 또 그런 방식으로 공부나 일을 하면, 능률이 오르고 피로도도 덜할 테고요. 스포츠 스타나 올림픽 금메달리스트의 후일담을 들어보면, 무엇보다 꾸준히, 규칙적으로 훈련에 임했다는 말을 하지 않던가요? 우리 학생들이 공부할 때에도 규칙적인 시간표에 따라 간다면, 몸에 무리도 덜 가고 불필요한 시간 낭비도 줄일 수 있어 보다 좋은 성과가 있을 것입니다.

교제를 소중히 여기다

그러나 다른 면에서 보면, 사실 칸트의 기질은 독일인들의 기질이기도 했습니다. 독일 국민들처럼 원칙이나 법칙 또는 규칙을 따라 사는 사람들도 이 지구상에 없을 것입니다. 그들은 이미 정해진 원칙이나 규칙을 현실에 적용하려 하고, 그것이 맞아 떨어지지 않으면 현실이나 자기 자신이 틀렸다고 생각할 정도입니다.

이러한 일은 경험 및 체험을 중시하고, 그것에 따라 원칙이나 소신을 바꾸어나가는 영국인의 기질과는 정반대라고 말할 수 있습니다.

실용적인 데다 현실을 중시하는 영국 사람들은 "현실이 이러하니, 원칙을 바꾸는 수밖에요"라고 말을 합니다. 그러나 독일인들은 "원칙이 이러하니, 어쩔 수 없습니다"라고 대답합니다. 현실을 핑계로 원리 원칙을 포기하는 일은 거의 없다는 뜻이지요. 좋게 말하면 정직하고, 나쁘게 표현하면 융통성이 없다고나 할까요?

그런데 칸트는 자기가 세운 원칙이 옳다고 간주하면, 자기뿐만 아니라 세상의 모든 사람들이 그에 따르기를 원하기까지 했습니다.

예를 들어 볼까요? 우선 칸트는 누구보다 도덕적이고 성실하였으며, 또 경건하였습니다. 그리고 그러한 마음가짐을 실제 삶에도 적용하였지요. 그는 도덕의 본질을, 우리 인간들 각자의 마음속에서부터 울려 나오는 양심의 소리에서 찾고 있습니다. 그에게 양심의 소리란 마치 하나님의 말씀처럼, 반드시 지켜야 할 어떤 것이었던 것이지요. 그는 우리가 살아가는 목적을 행복에 둘 것이 아니라, 올바른 행위를 하는 것 자체에 두어야 한다고 믿었고, 실제로 그렇게 살았습니다. 칸트 자신이 그렇게 생각하고 그렇게 살았기 때문에, 그는 다른 사람에게도 그것을 요구하였습니다.

매우 도덕적이고 경건한 칸트라면 교제를 중시하고 사교를 권하거나 유행 따라 살지도 않았을 것으로 예상됩니다. 하지만 칸트는 사교를 권하였고 교제를 중시하였으며, 유행 또한 거역하지 않았습니다. 왜 그랬을까요?

그런 일 또한 하나의 원칙, 즉 '세간(世間, 일반 세상)에 통용되어야 한다'는 원리를 따르고 있기 때문입니다. 말하자면 칸트가 웃거나 수다를 떠는 것도, 명랑하게 대화하고 즐겁게 사람들을 만나고 유행을 따르는 일 역시 '원칙'에 따른 행동이었던 것입니다. 나아가 칸트가 학자나 유명인이 아닌, 보통 사람들을 존경하고 용납할 수 있었던 것 역시 자신의 마음속에서 우러나오는 양심의 소리에 귀를 기울인 결과였던 것입니다.

어떻든 칸트는 학문에 묻혀 이웃을 소홀히 한다거나, 세상일에 귀를 닫고 사는 서생이 결코 아니었습니다.

꼼꼼하고 까다로운 체질

여러분은 '철학교수'에 대해 어떤 선입견을 갖고 있나요? 두꺼운 안경테와 하얀 머리칼, 창백한 얼굴, 넓은 이마……. 이 정도일까요?

아니면 여전히 위압적이고 완고한 성격을 가진 사람, 어제 일도 자주 잊어먹고 무슨 소린지 모를 정도로 횡설수설하는 그런 사람인가요? 어떨 때는 세상일에 초연한 것처럼 보이다가도 어떨 때는 놀라움과 감동을 안겨주기도 하고, 돌아서면 역시 좀 이상한 사람이라고 여겨지는 그런 종류인가요?

그러나 여러분이 어딘지 존경할 만하면서도 익살스럽고 또 독특한 꼼꼼함을 갖고 있는 사람을 철학자로 생각한다면, 바로 그 대표적인 인물이 칸트입니다. 실제로 칸트는 꼼꼼함과 정확성의 천재라 부를 만했거든요.

하지만 그는 또 소심한 데다, 꽤 까다로운 면까지 가지고 있었던 것 같습니다. 칸트의 하루 일과처럼, 그의 주위환경도 매우 정확하게 정리정돈 되어 있어야만 했지요. 만일 가위나 주머니칼이 평상시의 위치에서 조금이라도 빗나가 있거나 또는 의자 하나라도 제자리에 놓여 있지 않으면, 그는 불안해서 안절부절못했습니다. 강의 중에라도 어떤 학생이 이상한 복장을 하고 앉아 있으면, 거기에 신경을 쓰느라 제대로 강의를 하지 못할 정도였으니까요.

한번은 그의 이웃집 수탉이 어찌나 심하게 울어대든지, 아예 돈을 주고 그 수탉을 사들이려고 하였습니다. 그러나 그 주인은 절대로 팔지를 않았습니다. 그로서는 '어떻게 하여 수탉이 현자를 방해할 수 있는지' 도저히 이해할 수 없었던 것이지요. 결국 칸트는 그 일로 인하여, 이사를 갈 수밖에 없었고요.

그런데 새로 옮겨간 집은 쾨니히스베르크 시의 감옥 옆에 있었고, 당시의 관습으로는 죄수들이 죄를 뉘우치는 마음으로 찬송가를 불러야 했습니다. 이들 죄수들은 창문을 활짝 열어 놓고, 지독하게 큰 목소리로 찬송가를 불러댔지요. 칸트는 그 도시의 시장에게 화를 내며, 불평을 털어놓았습니다.

"나는 수감자들이 작은 목소리로 노래를 부르면 마치 그들의 영혼이 구제 받지 못하기라도 하듯이, 창문을 닫아도 노랫소리가 들릴 정도로 그렇게 큰 소리로 찬송가를 불러야 할 이유는 없다고 생각합니다."

어찌나 마음이 상했던지, 그는 《판단력 비판》에서까지 이 일을 끄집어내고 있는데요. 그 내용을 한번 들어볼까요?

"집안에서 예배를 드리며 찬송가를 부르도록 권하는 사람들은, 이웃 사람들에게 함께 노래할 것을 강요하거나 그들의 사색하는 일을 포기하도록 강제한다. 그들은 그와 같은 시끄럽고 위선적인 예배 때문에, 시민들이 커다란 불평불만을 가지고 있다는 사실을 알지 못한다."

인기 많은 공부벌레

규칙적인 생활로 시간을 절약하고자 애를 썼던 철학자 칸트, 그를 가장 화나게 하는 것은 사람들 때문에 그의 생활 리듬이 깨지는 일이었습니다. 어느 귀족이 칸트를 마차 산책에 초대했는데, 이 산책이 길어지는 바람에 그는 밤 10시경에 불안과 불만으로 뒤범벅이 되어 집으로 되돌아왔습니다. 그는 이 작은 체험을 통해, 새로운 생활 규칙을 하나 정했는데요. 그것은 "어느 누구의 마차 산책에도, 절대로 따라가지 않는다!"는 것이었습니다. 이에 대해, 어떤 전기 작가는 이런 말을 덧붙이고 있습니다.

"이 세상의 어떤 것도, 그(칸트)를 그의 규칙에서 벗어나게 할 수는 없을 것이다."

칸트는 연구 생활에 지장이 있는 일은 되도록 삼갔습니다. 두 번이나 대학총장에 취임하였으나, 임기만료 전에 사임하였고, 제자들에게는 음악에 깊이 빠져서는 안 된다고 경고하기도 하였습니다. 음악을 조금이나마 하려면 많은 시간이 걸리고, 따라서 학문을 쌓아가는 데 방해가 된다는 것이지요. 연극이나 그림을 감상하는 일도 거의 없었으며, 여행이나 댄스, 사냥이나 운동은 전혀 몰랐습니다. 그가 즐겼던 취미생활이라면, 산책이 유일했습니다.

칸트가 연구에 집중했던 것은 사실이지만, 그렇다고 벼락치기 공부를 하지는 않았습니다. 그의 잘 짜인 일과표를 통해 예상할 수 있듯이, 칸트는 계획된 시간에 맞추어 규칙적으로 연구를 진행해나갔지요. 어떤 면에서 그는 공부 벌레였습니다. 하지만 앞뒤로 꽉 막힌 사람은 아니었지요. 사교 모임에 부지런히 참석했고, 재치 있는 이야기로 인기도 많아 어딜 가나 환영을 받았습니다. 그럼에도 불구하고, 사색하고 연구하는 학자의 본분을 잃지는 않았습니다.

2

고단했지만 열심히 살아낸 10대

고향 쾨니히스베르크

칸트는 1724년 4월 22일, 경제적으로 번영하던 동 프로이센의 수
도이자 국제적인 항구도시인 쾨니히스베르크(당시 프로이센 공국, 오늘
날의 러시아 칼리닌그라드)에서 태어났습니다. 당시 이 도시는 인구 5만
에 6천 호가 거주하고 있었다고 알려져 있는데요. 쾨니히스베르크
란 말은 독일어로 '왕의 산'이란 뜻입니다.

그렇다면, 과연 이 도시는 어떻게 하여 발달하게 되었을까요? 유
럽에서는 11세기에서 12세기에 걸쳐 농작물의 수확이 늘어남으로
써, 인구가 급속히 증가하기 시작하였습니다. 그런데 독일에서는 이
렇게 늘어난 사람들이 인구가 적은 동유럽 지역, 특히 발트 해안에

집단촌을 이루었는데요. 쾨니히스베르크 역시 이때 생긴 도시 가운데 하나였던 것이지요. 그런데 이 시대의 주인공은 보헤미아(현재 체코 공화국의 서부 지역)의 국왕 오토 칼이었습니다. 그는 1225년 남독일 지방에서 북쪽으로 쳐들어가 프레겔 강을 내려다볼 수 있는 높은 곳에 성을 쌓고, 다음해 이곳을 '쾨니히스베르크'라 이름 붙였습니다. 이곳에는 독일 뿐 아니라, 주변의 여러 나라들로부터 옮겨온 사람들이 모여 살았습니다. 해운업에 종사하기 위해 모여든 장사꾼들, 프레겔 강을 따라 내려온 러시아 및 폴란드 사람들 등, 이미 세계 시민적인 색채를 칸트 시대에도 보여주고 있었던 것이지요.

도시가 생겨난 이후, 이곳은 폴란드에 속해 있다가 1525년 프로이센 공국이 성립되었습니다. 그러나 30년 전쟁 무렵에 프로이센 공국은 브란덴부르크 선제후의 지배 아래 놓이게 되었습니다. 그리고 1701년 1월, 프리드리히 1세(초대 프로이센 국왕, 수도를 베를린으로 옮겼음)가 대관식을 거행한 후, 이 도시는 역대 프로이센 국왕의 대관식이 열리는 곳이 되었지요.

프리드리히 1세는 학문과 예술을 보호하는 정책을 취하여, 여러 대학을 세웠는데요. 그 왕비는 어려서부터 그 어머니로부터 철학자 라이프니츠의 교육을 받았다고 합니다. 라이프니츠는 30년 전쟁의 폐허 위에서 독일철학을 일으켜 독일 국민에게 새로운 희망을 선사했거니와, 그 스스로는 근세독일 문화를 꽃피운 선구자가 되었지요. 이처럼 칸트가 살았던 시대는 프로이센 왕국이 유럽의 정치무대에서 강력한 위치를 다져나가던 시대였습니다. 가난한 집에서 태어난 칸트가 자신의 철학으로 출세하고, 인간 의지의 자유와 인격의 존엄성을 강조하게 된 것 역시 당시 유럽, 특히 조국인 프로이센 왕국의 진취적이고도 계몽적인 분위기 덕분이었다고 볼 수 있지 않을까요?

프레겔 강이 **발트해**와 직접 연결되어 있기 때문에, 쾨니히스베르크는 일찍부터 외국인이 왕래하기 시작하였고요. 그 결과, 칸트 시대에는 이미 무역의 요충지가 되어 있었습니다. 따라서 어린 칸트는 날마다 프레겔 강의 다리를 건너 학교를 오갔는데요. 강의 상류에서는 폴란드나 러시아의 두메산골에서 곡식과 마(뿌리를 먹는 약초), 연(蓮) 등을 싣고 오는 전마선(傳馬船, 배와 배 사이를 연결해주는 작은 배)의 줄 이은 행렬을 보고, 하구에서는 다른 나라의 배들이 포도주나 공업 제품을 싣고 오가는 장면들을 바라보면서 자랐던 것이지요. 이와 관련하여, 칸트는 그의 노년에 쓴《인간학》의 서문에서, 이렇게 말하고 있습니다.

"한 나라의 중심을 이루는 대도시에는 그 나라의 정부 기관이 있으며, 대학이 있다. ……가령, 여러 나라와 무역을 할 만큼 중요한 위치를 차지하는 쾨니히스베르크 같은 도시는 세상에 대한

발트해 북유럽의 안쪽 바다. 스칸디나비아 반도와 이윌란(유틀란트) 반도에 의하여 북해와 갈라져 있으나, 두 반도 사이의 좁은 해협을 통해 밖으로 통한다. 스웨덴, 핀란드, 러시아, 폴란드, 덴마크, 독일에 둘러싸여 있다.

지식이나 인간사에까지 지식을 넓힐 수 있는 좋은 장소라 생각한다. 그러한 도시에서는 굳이 여행을 하지 않고서도, 이러한 지식들을 얻을 수 있다."

이 덕분에 칸트는 한평생 쾨니히스베르크를 떠난 적이 없으면서도, 세계 곳곳의 지리에 대해 훤히 꿰뚫을 수 있었다고 봅니다. 그게 어느 정도였냐면, 가령 런던 사람 앞에서 **웨스트민스터 다리**에 대해 설명하고요. 심지어 로마의 **바티칸 궁전**에 대해서까지 마치 현장에서 본 것처럼 자세하게 설명하여, 상대를 놀라게 하였다는 에피소드가 있습니다. 오늘날 우리 식으로 말하면, 부산이나 목포를 한 번도 떠나보지 않은 사람이 서울의 경복궁에 대해, 혹은 한강 다리에 대해 서울 토박이보다 더 자세하게 설명했다는 말이 되겠지요.

러시아 땅이 되다

그러나 유서 깊고 아름다운 이 도시, 쾨니히스베르크는 제2차 세계대전 후인 1946년 소련(지금의 러시아)의 영토가 되었습니다. 그리고 소련의 혁명투사이자 지도자인 미하엘 이바노비치 칼리닌(국가원수 격인 중앙집행위원회 위원장을 지냈음)의 이름을 따서, 칼리닌그라드

웨스트민스터 다리 영국 런던의 템즈강 위에 놓인 다리. 주변에 유명한 빅 벤과 국회의사당이 있다.
바티칸 궁전 교황의 궁전. 성 베드로 성당 옆에 위치하고 있다.

로 이름이 바뀌었고요. 이 때문에 위대한 철학자 칸트의 조국인 독일을 방문하여도, 그의 고향을 직접 찾아갈 수는 없게 된 셈이지요.

어떻든 칸트는 이 도시에서 마구(馬具, 말을 다루는데 필요한 도구나 장치) 제조업자의 9명의 자녀 가운데, 넷째로 태어났습니다. 다른 유명 인사들과 비교하였을 때, 칸트는 흄(영국의 회의주의 철학자)보다 13세, 루소(프랑스의 교육사상가)보다는 12세 손아래였고요. 괴테(독일의 세계적인 문호)보다는 25세 손위였습니다.

당시 프러시아 국가는 프리드리히 대왕 치하에서 융성의 기운이 뻗쳐나가는 중이었으며, 미국은 영국의 통치로부터 벗어나 독립을 선포(1776년)하였고, 프랑스에서는 혁명의 분위기가 무르익고 있었습니다. 이러한 역사적 대사건들은 조용한 생활을 하고 있던 칸트에게도 끊임없이 영향을 주지 않았을까, 예상해보는 것이지요.

가난하지만 훌륭한 부모님

칸트는 계몽주의 시대, 특히 프랑스 대혁명의 기운이 유럽을 휘몰아치던 시대에, 부글거리는 열기로 들떠있던 유럽 대륙 안에 몸을 담고 있었습니다. 그럼에도 그의 고향 쾨니히스베르크는 발트 해 연안에 뚝 떨어진, 독일 북부의 한 도시에 지나지 않았습니다. 시간을 잊은 듯 잠겨 있는 이 도시에, 칸트는 틀어박혀 있었던 것이지요.

그렇다면 칸트 가문은 어떻게 하여 이 도시와 인연을 맺게 되었을까요? 우선 칸트 할아버지가 스코틀랜드로부터 이곳으로 옮겨왔다는 소문이 있는데요. 하지만 이것이 공식 서류에 의해 확인되고 있지는 않습니다. 어떻든 칸트의 증조할아버지는 쾨니히스베르크의 북쪽 작은 도시에서 점포를 빌려 주막을 경영하다가, 근방 도시의 주막집 딸과 결혼하였다고 합니다. 또한 그의 아들(칸트의 할아버지) 한스 칸트는 질지트 시에서 피혁상(皮革商, 가죽 또는 가죽 제품을 파는 사람)의 우두머리로부터 허가를 얻어, 메멜(리투아니아에 있는 도시)에서 피혁상을 시작하였고요. 칸트의 아버지 요한 게오르그 칸트는 바로 이 피혁상의 둘째 아들이었습니다. 그는 피혁공의 수업을 마친 다음, 스스로 독립하여 쾨니히스베르크로 옮겨왔습니다. 그리고 남독일 뉘른베르크 출신 피혁상의 딸 안나 레기나 로이텔과 결혼을 했지요.

칸트의 아버지는 가난 때문에 서른 살이 넘어서야 결혼하였다고 합니다. 어머니의 경우, 비록 많은 교육을 받지는 못했지만, 고결한 인품과 타고난 지성 때문에 그 근처에서는 유명했고요. 좀처럼 집안 이야기를 하지 않는 칸트지만, 아버지와 어머니에 대해서는 극구 찬양하고 있습니다.

"나의 부모님은 정직하신데다, 도덕적으로도 반듯했다. 비록 나에게 유산을 남겨주진 않았으되, 교육을 시켜주었다는 점에서 나는 늘 마음속으로 감사하고 있다. 이 교육은 도덕적인 면에서 보면, 그 이상의 것이 있을 수 없을 만큼 매우 훌륭한 것이었다."

늘 부모님께 감사한 마음을 지니고 살았던 칸트, 그렇다면 그 위대한 철학자의 가정 형편은 어땠을까요? 이에 대해, 칸트 자신은 이렇게 말하고 있습니다.

"부유하지는 않았으되, 가난으로 인하여 고달플 정도는 아니었다. 집안 살림을 꾸려나가는 일과 자녀의 교육에 필요한 정도의 돈은 갖고 있었다."

과연 그랬을까요? 이 대목에서 부모님의 장례식 장면을 살펴보면 어머니는 칸트의 나이 13세 때, 아버지는 칸트의 나이 23세 때 세상을 떠나고 맙니다. 우리와 달리, 독일에서는 장례식을 교회에서 치릅니다. 그런데 두 사람의 장례식에 대해, 교회 장부에는 이렇게 적혀 있었습니다.

'조용하고, 가난하게'

여기에서 '조용하게'란 말은 찬양을 불러줄 성가대가 없었다는 뜻이며, '가난하게'란 말은 장례비용을 개인이 아닌 쾨니히스베르크 시(市)에서 감당했다는 것을 의미합니다.

이렇게 본다면, 칸트의 가정 형편은 칸트 자신이 밝혔던 것처럼, "가난으로 인하여 고달플 정도는 아니었다"라든가, "교육에 필요한 정도의 돈은 갖고 있었다"는 표현에 어울릴 만큼, 여유롭지는 않았던 것으로 보입니다.

경건주의 신앙

칸트의 부모는 기독교를 믿었는데 개신교 가운데에서도 특히 신앙의 순수성을 강조하는 경건주의 교파에 속해 있었습니다. 개신교는 당시 쾨니히스베르크 시에서 널리 믿어졌는데요. 그 가운데에서도 유난히 경건성을 강조하는 이 신앙에 대해, 칸트 자신 매우 커다란 자부심을 갖고 있었습니다.

"경건주의에 대해, 얼마든지 비난하여도 좋다. 하지만 경건주의를 진실로 신봉하는 사람들은 존경하리만치 탁월하였다. 그들은 인간이 가질 수 있는 최고의 것을 가지고 있었다. 어떠한 격정으로도 흐트러지지 않는 평정과 쾌활함과 마음의 평화를 지니고 있었다. ……언젠가 피혁상과 마구상 사이에 싸움이 일어나, 나의 아버지도 꽤나 큰 타격을 입었다. 그럼에도 불구하고, 나의 부모는 이 일에 대하여 말할 때, 상대에 대한 관용과 사랑을 빠뜨리지 않았다. 그때 나는 비록 어린 나이였음에도 불구하고, 평생 그 일에 대한 기억이 사라지지 않았다."

그렇다면, 과연 경건주의가 무얼까요? 루터의 종교개혁이 일어난 때(1517년)로부터 150여년이 흐른 당시, 다시 교회가 타락하고 신앙이 무너진 상황을 맞이하였습니다. 이때, "청년 루터의 이념으로 되돌아가, 초기 기독교회의 경건한 신앙을 새롭게 부활시킬 것"을 주장한 교파가 바로 경건주의입니다. 이에 속한 교인들은 지성보다는 심정을, 학식보다는 실천을 더 중요하게 여겼는데요. 바로 이런 점들 때문에, 엄격주의라거나 지나친 금욕주의라고 하는 평가를 받기도 하지요. 어떻든 당시 시민계급에 널리 퍼진 이 경건주의의 영향을 받아 칸트의 부모, 그 중에서도 특히 칸트의 어머니는 신앙심이 매우 깊었다고 합니다.

칸트의 아버지는 매우 부지런하고 정직하였으며, 또 의무감이 강하여 거짓말을 특히 싫어했다고 합니다. 칸트의 한 친구가 전하는 바에 따르면, 칸트의 양친은 매우 사이가 좋았다고 합니다. 이 때문에 칸트는 단 한 번도 부모가 말다툼을 하거나 싸우는 것을 본 적이 없었다고 하는데요. 특히 어머니는 깊은 정과 돈독한 신앙심으로 가득하여, 아들 칸트에게는 잊을 수 없는 추억으로 남았다고 합니다. 칸트는 용모나 태도뿐만 아니라, 성격 및 체질까지도 어머니의 DNA(유전자의 본체이자 유전 정보의 매개체)를 많이 물려받았고요. 그 따뜻한 정과 단정한 부덕(婦德)은 칸트에게 오래도록 사라지지 않을, 깊은 인상으로 남았습니다.

위대한 어머니

어린 칸트는 엄격한 경건주의 교육이 실시되고 있던 초등학교 및 중학교에 차례로 입학하는데요. 가난한 가정형편으로 인하여, 주위 사람들의 도움을 받아야만 했습니다. 그 가운데에서도 특히 학교의 교장선생님이자 운영자이고, 또 나중에 신학교수가 된 슐츠 목사의 도움에 많이 의존하게 됩니다. 그러나 학교에 들어간 칸트는 날마다 아침 예배로 시작되는 일과(日課)와, 기도로 시작하여 기도로 끝나는 수업에 싫증을 내기 시작합니다. 그는 이와 같은 강제적인 교육을 '소년 노예제도'라고 부르며, 최대한 싫은 감정을 드러내곤 했지요. 이때로부터 칸트는 기독교를 멀리하기 시작하여, 결국 평생 동안 교회에 충실하지 않은 사람이 되어 버렸지요. 그럼에도 기독교의 근본 신앙은 꾸준히 지켜나갔습니다.

칸트는 이곳 김나지움에서, 8년 반 동안 공부를 했는데요. 수학이나 과학보다는, 주로 종교와 라틴어를 많이 배웠습니다. 그의 학교 성적은 항상 수석이었으며, 이때 칸트는 고전어에 대한 탄탄한 지식을 얻게 됩니다. 하지만 (앞에서 말한 것처럼) 천성적인 지성과 순수한 신앙심으로 인해 아들로부터 사랑과 존경을 한 몸에 받았던 어머니는 40세를 일기로, 세상을 뜨고 맙니다. 칸트 나이 13세 때인 1737년, 아들의 대학 입학도 보지 못한 채 말이지요. 이때 집안의 막내 아이는 겨우 세 살에 지나지 않았다고 하는데요. 칸트가 어머니에 대해 얼마나 큰 사랑과 존경의 마음을 품고 있는지는, 그의 글 여러 곳에 드러나 있습니다.

"나의 어머니는 애정이 넘치고 감정이 풍부하며, 경건하고 정직한 여성이었다. 또 자식들에 대한 경건한 가르침과 도덕적인 모범으로서, 하나님에 대해 가르치기를 좋아했다. …… 어머니는 가끔 나를 도시 근방으로 데리고 나가, 신의 창조물에 나의 관심을 기울이도록 하였다. …… 어머니는 나의 마음속에 최초로 선의 씨앗을 심어주었다."

칸트가 어머니에 대해 말할 동안 그의 마음은 감동으로 가득차고, 그의 눈은 반짝거렸습니다. 말 한마디 한마디에는, 자식으로서 진심으로 어머니를 존경하고 사랑하는 정이 가득 차 있었다고 합니다. 심지어 어머니의 때 이른 죽음마저 아름답게 묘사하고 있는데요. 어머니의 친한 친구가 실연(失戀)의 슬픔에 빠져있을 때, 그 친구를 간호하다가 일어난 일이라는 것이지요. 즉, 끝내 약을 거부하는 친구에게 그 약을 먹도록 하기 위해, 어머니 스스로 약을 먹어보인 끝에 사망에 이르게 되었다는 것입니다. 칸트가 굳이 이 사실을 밝힌 것은 어머니의 친구를 비난하기 위해서가 아니라, 우정의 모범을 보이다가 희생된 어머니를 칭송하기 위해서였던 것이지요.

학교에서 만난 친구들

칸트가 맨 처음 교육을 받은 곳은 쾨니히스베르크의 자선원인 부속학교(초등학교)였습니다. 이 자선원(慈善院)은 나중에 칸트의 막내 여동생이 여자 승려로서 생활한 곳이기도 한데요. 칸트는 8세 때 쾨니히스베르크 시에서 가장 큰 제1의 학교인 이 왕립 학교에 입학하여, 8년 반 동안 공부를 합니다. 이 학원의 원장은 계몽적 지식인으로서, 경건주의의 신봉자인 슐츠였고요. 칸트의 어머니는 이 원장을 매우 존경하였고, 원장 또한 칸트 부모의 독실한 신앙심을 높이 평가하였다고 합니다. 칸트의 어머니가 아들의 재능을 인정하여 아들에게 기대를 건 것 역시, 이 슐츠의 권유에 의한 것이었거든요. 이렇게 보면, 칸트는 가정과 학교에서 모두 경건주의 교육을 받았던 셈이 되지요. 또한 나중에 슐츠 원장은 쾨니히스베르크 대학에서도 신학 강의를 하였기 때문에, 칸트는 그의 강의를 들을 수 있었습니다.

칸트는 이 학교의 일과를 아주 싫어하였습니다. 그럼에도, 결국 두 가지 중요한 성과를 얻게 되지요. 그 하나는 라틴문학에 대해 얻은 지식인데요. 칸트는 나중에 출판된 저서의 여러 곳에서, 라틴어로 시를 썼고요. 노년에까지 이 시들을 잘 외울 수 있었다고 합니다. 또 하나의 성과는 두 친구를 얻었다는 점입니다. 마르틴 쿤데와 데비드 루운겐이 바로 그들인데요. 이 세 사람은 모두 고전에 뛰어난 실력을 발휘하여, 서로 경쟁관계에 놓여 있었습니다.

하지만 다른 한편으로, 세 사람은 함께 돌아가며 고전작가들의 작품을 읽었고요. 나중에 성장하여 저술가가 되었을 때에는, 라틴식 이름을 책의 앞면에 써넣기로 약속했다고 합니다. 루운겐뉴우스, 군데우스, 칸티우스라는 식으로 말이지요. 이 에피소드는 그때부터 이미 이 소년들이 미래의 학문 세계를 목표로, 착실히 나아가고 있었음을 보여주는 것이라 하겠습니다.

그 후로 그들은 어떻게 되었을까요? 칸트보다 한 살이 많은 루운겐은 38세에 네덜란드 라이덴 대학의 정교수가 되었고요. 당시대의 훌륭한 고전학자가 되었습니다. 또 하나의 친구인 쿤데는 칸트보다 한 살이 아래였는데요. 대학을 다니는 동안 모교인 프리드리히 학원의 교사가 되었고, 학자로서보다는 훌륭한 교육자로 그 생애를 마쳤습니다.

대학에서 만난 은사들

초등학교와 중고등학교 과정을 마친 칸트가 슐츠의 권유로 쾨니히스베르크 대학에 입학한 것은, 그의 나이 16세 때였습니다.

이때 어머니는 이미 세상을 뜬지, 3년이 지나 있었지요. 또한 이 해는 프로이센 제2대 국왕인 프리드리히 빌헬름이 죽고, 그의 아들 프리드리히 2세가 왕위에 오른 해이기도 했습니다. 문무(文武) 양쪽에 뛰어난 이해력과 능력을 갖춘 이 계몽군주는 무신론자라는 이유로 추방되었던 볼프(Wolff)를 다시 할레 대학으로 불러들입니다.

이 사람은 가히 독일 계몽주의 철학의 거두라 말할 수 있는데요. 할레 대학에 수학과 자연학의 교수직에 취임한 이후, 형이상학과 논리학, 도덕철학 과목을 맡아 학생들의 주목을 받았던 인물입니다. 그러나 "기독교 윤리가 공자의 가르침 안에 이미 들어있다"고 주장하여, 안팎으로 많은 욕을 먹은 채 쫓겨나고 맙니다. 하지만 이 사건으로 인하여, 도리어 그는 독일 계몽주의의 영웅이 되지요.

이러한 그가 1740년, 프리드리히 대왕의 부름을 받아 할레 대학으로 돌아올 때의 광경은 마치 개선장군의 행차와 흡사했습니다. 볼프는 경험과 이성의 종합을 그 철학의 궁극적 목표로 삼았는데, 칸트는 직간접적으로 이 학자의 영향을 받았던 것이지요. 어떻든 칸트는 이 군주(프리드리히 2세)가 재임하는 동안,《순수 이성 비판》(1781년)을 비롯한 수많은 저서들을 출판하였고요. 그 결과, 학계에서 누구도 넘볼 수 없는 위치를 차지함과 동시에, 프로이센의 저명한 인사 가운데 한 사람이 되었지요.

다시 칸트의 대학시절 이야기로 돌아가 볼까요? 그는 열여섯 살에서 스물두 살 때까지 개인교사 생활로 학비를 벌면서, 쾨니히스베르크 대학을 다닙니다. 이때 큰 영향을 끼친 사람이 크누첸 교수입니다. 이 교수는 독일의 유명한 계몽주의자인 볼프의 제자였습니다. 칸트는 크누첸 교수를 통하여, 볼프와 그의 제자인 바움가르텐의 강단 형이상학 및 자연과학을 배우게 되지요.

칸트는 크누첸의 강의를 열심히 들었습니다. 그러던 어느 날, 이 교수가 학생 칸트에게 뉴턴의 책을 빌려줍니다. 칸트는 이 책을 읽고 뉴턴의 사상에 매료되었던 바, 결국 그 한 권의 책이 칸트로 하여금 뉴턴에게로 집중하게 된 결정적인 계기가 되었던 것입니다. 그런데 참으로 아이러니한 사실은 크누첸의 이름이 오늘날 우리에게까지 알려질 수 있었던 것은 그의 뛰어난 제자, 칸트 덕분이라는 것입니다. 사실 그의 이름은 칸트의 저서 속에서, 한 번도 불린 일이 없거든요. 그럼에도 학창 시절의 칸트로부터 가장 존경을 받았다는 그 점 때문에, 역사에 길이 이름을 남길 수 있었던 것입니다.

물론 칸트가 대학시절에 배운 것이 자연과학이나 철학에 국한되지는 않았습니다. 심지어 신학에 대한 강의도 듣고, 때때로 설교까지 했다고 하는데요. 하지만 그것은 다만 지식에 대한 욕구를 충족시키기 위함에 지나지 않았습니다. 대신 그의 진로는 천문학, 수학, 물리학, 철학 등으로 정해져 있었고요. 칸트가 대학을 졸업한 해는 아버지가 세상을 떠난 해이기도 한데, 이에 대해 칸트는 가족보에 이렇게 기록하고 있습니다.

"1746년 3월 24일 오후 3시 반, 사랑하는 우리 아버지는 성스러운 죽음을 받아들였다. 생전에 그에게 기쁨을 준 일이 적었던 하나님이여, 그에게 영원한 기쁨을 주시옵소서."

가정교사를 하며 보낸 대학시절

칸트는 대학을 다니는 동안 재정적으로 넉넉하지 못했습니다. 그래서 학생활동이나 즐거운 오락거리에 별로 관심을 갖지 않았는데, 유일한 즐거움은 당구를 치는 것이었습니다. 재주도 있어서 내기에서 돈을 따는 경우가 많았다고 합니다. 그는 구둣방을 경영하는 큰아버지의 도움과 성적이 뒤떨어진 동급생들의 공부를 도와주는 등의 아르바이트로, 겨우 대학생활을 꾸려나갈 수 있었지요.

대학을 졸업한 칸트는 학자의 길을 걷기로 마음먹지만, 아버지가 죽자 우선 생활비부터 마련해야 했습니다. 이를 위해 그는 쾨니히스베르크 도시를 떠나 시골에서 가정교사 생활을 시작합니다. 이때가 바로 그의 '조용한 전원에 머물렀던' 기간에 속합니다. 그의 제자들 말을 종합해보았을 때, 이때 칸트는 목사나 귀족의 가정 등 세 군데를 돌아다녔던 것 같습니다. 그리고 이 가운데, 세 번째 가정의 주인이 카이저링크 백작인데요. 그는 명문가의 대영주이자 외교관으로서, 사교계의 중심인물이었습니다. 나중에 쾨니히스베르크로 이사를 온 이 인물은 칸트로부터 항상 초대를 받은 20명 가운데 한 사람이 되었습니다. 또한 특별히 재능과 미모를 함께 갖춘 그의 부인과 칸트는 매우 친밀한 사이가 되었습니다.

칸트가 그 집에서 가르쳤던 아이는 당시 일곱 살인 장남 칼이었습니다. 그러나 칼은 선천성 정신박약아로서, 나중에 금치산자(禁治産者, 재산 관리를 할 수 없도록 법으로 지정된 사람)가 되어 정신병원에서 삶을 마감합니다. 세월이 지난 후, 칸트는 "나는 좋은 원칙을 갖고 있긴 했으되, 나쁜 가정교사에 지나지 않았다"고 고백하는데요. 그러한 배경에는 자신의 겸손함 외에, 이와 같은 저간의 사정도 있었던 것으로 보입니다.

칸트가 약 8년 동안의 가정교사 생활을 마치고 쾨니히스베르크로 돌아온 것은 31세 때인 1755년이었습니다. 그리고 이 8년이야말로 칸트가 쾨니히스베르크를 떠나 있었던 유일한 시기이기도 합니다. 조용한 전원생활을 통해 곧 찾아올 '인생의 봄'을 맞이할 준비를 하고 있었고, 바로 이 기회를 통하여 상류사회의 생활과 사교에 익숙해지는 법을 배웠습니다. 세상물정과 인정(人情)에 통달하였으며, 인간에 대한 지식과 세계에 대한 지식을 넓혀나갔던 것으로 보입니다.

조금 전에 말한 카이저링크 부인, 재능과 미모를 함께 갖춘 백작부인은 남편이 세상을 떠난 지 2년 만에 재혼을 합니다. 상대는 두 아들을 둔, 러시아황제의 고문관 출신 하인리히 크리스천 백작이었습니다. 하인리히는 전 부인의 아들에게 영토를 물려준 후, 쾨니히스베르크로 옮겨 오는데요. 이때 백작 부인은 옛날부터 인연을 맺어왔던 칸트와 다시 교제를 시작합니다. 백작 가정에 초대받은 칸트의 자리는 언제나 부인 곁이었으며, 이 부인에 의해 초기(1755년경) 칸트의 초상화가 그려졌다고 합니다.

가난을 극복하고자 시간강사를 하다

칸트는 대학을 졸업하고, 학자의 삶 대신 가정교사 생활을 이어가는데요. 그 와중에도 서른 살 때인 1754년, 베를린 학사원이 내건 현상(懸賞) 논문에 응모합니다. 이 논문에서 칸트는 뉴턴식의 자연관을 취하여 우주의 발생을 기계론적으로 설명함과 동시에, 우주법칙의 밑바탕에 창조의 목적이 있음을 인정하고 있습니다. 다시 말해, 라이프니츠-볼프 식의 형이상학과 기계론적 자연관의 조화를 꾀하고 있는 것이지요.

31세 때인 1755년, 칸트는 〈불에 관하여〉라는 논문을 제출하여 석사학위를 받습니다. 지방의 이름 있는 인사들과 학자들이 모인 이 졸업식에서, 칸트는 철학에 대하여 라틴어로 강연을 하였습니다. 그런데 모든 청중이 이 강연을 듣고, 존경의 마음으로 새로운 마기스터(석사)를 환영하였다고 합니다. 또 같은 해 〈형이상학적 인식의 제1원칙에 대한 새로운 해명〉이라는 논문으로, 대학교수 자격을 얻습니다.

학위 과정을 마친 칸트는 대학에서, 강사 생활을 시작합니다. 그런데 그가 가르쳐야 할 과목은 수학과 물리학에서 시작하여 논리학, 형이상학, 도덕철학 같은 철학의 주요 분야는 물론이고 자연지리학, 역학, 광물학 등에 이르기까지 실로 광범위하기 짝이 없었습니다. 더욱이 1주일에 20시간씩 강의를 해야 하는 중노동에, 그는 한숨을 푹푹 내쉬곤 하였지요. 1759년 10월 28일 친구 린드너에게 보낸 편지에서, 칸트는 이렇게 실토하고 있습니다.

"나는 날마다 내 교탁의 귀퉁이에 앉아서 무거운 망치를 두들기는 것과 비슷한 강의들을, 단조로운 박자로 계속 진행해나갔다. 때때로 보다 더 고상한 일을 하고 싶다는 마음이 생기며, 조금이라도 이 좁은 테두리에서 벗어나고 싶다는 생각이 든다. 그런데 그렇게 되면, 격렬한 외침처럼 가난이 금방이라도 달려들려 한다.

그것은 언제나 진실한 것이어서, 나는 주저할 틈도 없이 또다시 힘겨운 노동으로 되돌아오곤 한다."

이런 면에서 보았을 때, 칸트는 이 편지를 통하여 자신의 괴로운 심정을 표현하고 있다고 할 수 있습니다. 가끔 그 지루하고 단조로운 일(강의)에서 벗어나고 싶다는 생각이 들 때에도, 그는 감히 그러지를 못했습니다. 왜냐고요? 돈을 벌어야 했기 때문이지요. 매달 정기적으로 봉급을 받는 정식 교수와는 달리, 시간강사는 강의 시간에 비례하여 수당을 받기 때문입니다. 이러한 사정은 지금 우리나라 대학에서도 마찬가지이지만요.

그런데 당시에는 강의시간 뿐만 아니라, 청강생의 숫자에 따라 강의료에 차별이 있었던 것 같아요. 다시 말하면, 강의를 듣는 학생 수에 따라 수입이 달랐다는 것이지요. 여기에다 어쩌면 칸트는 자신의 생활비뿐만 아니라, 동생들의 뒷바라지를 위해 돈을 벌어야 했을지도 모릅니다. 그 때문에 그토록 무리한 강행군을 했지 않을까 짐작됩니다.

유쾌한 명강의

그럼에도 불구하고, 칸트가 강의를 소홀하게 여기지는 않았던 것 같습니다. 그는 집필이나 건강, 휴양을 핑계로 휴강을 하거나 강의를 게을리해본 적이 없었다고 하고요. 또한 칸트는 학생들에게 계속 이런 말을 했다고 합니다.

"여러분은 나에게서 철학을 배우지 말고, 철학하는 것을 배워야 한다. 철학은 단지 흉내 내기 위하여 배우는 것이 아니라, 생각하는 방법을 배우는 것이다."

철학을 포함한 모든 교육이 스스로 생각하고 스스로 어떤 행동을 선택할 수 있는, 그런 능력을 길러주는 게 아닐까요? 독일에서는 유치원 때부터 스스로 생각하고 스스로 판단하여 행동하는 법을 가르칩니다. 선생님이 이래라 저래라 하는 경우는 거의 없지요. 그렇기 때문에 중고등학교에서는 학력이 조금 뒤쳐지더라도, 대학이나 대학원에서 눈부신 학문의 성과가 나오는 것이고요. 또한 그 덕분에, 각 분야에서 노벨상 수상자도 많이 배출하는 것이 아닐까요?

이와 같은 맥락에서, 칸트는 "스스로 생각하고, 스스로 탐구하여 자기 자신의 발로 서라!"고 강조합니다. 그는 학생들이 선생의 가르침을 암송한다든가 모방하는 것을 아주 싫어하였거든요.

그렇다면, 칸트가 실제로 강의하는 모습은 어땠을까요? 이 무렵, 칸트는 새로운 시가지에 있는 키프케 교수(쾨니히스베르크 대학에서 칸트보다 앞서, 논리학 및 형이상학 강의를 맡았던 교수)의 집에서, 하숙을 하고 있었는데요. 칸트의 한 제자는 스승의 최초 강의 모습을, 이렇게 묘사하고 있습니다.

"칸트는 키프케 교수의 넓은 강의실을 사용하였는데, 강의실은 현관에서 계단까지 학생들로 가득 차 있었다. 그런데 이것이 칸트 선생을 크게 당황하게 만들었다. 그는 마음의 평온을 잃었으며, 평상시보다 더 낮은 목소리로 말하고 가끔 자기 스스로 한 말을 고치기도 했다. 그러나 이러한 태도는 선생에 대한 우리의 경탄의 마음을 더욱 더하게 하였을 뿐이다. 우리는 선생의 넓은 학식을 믿어 의심치 않았다. 선생은 매우 겸손하게 보였을 뿐, 겁내고 있다고는 보이지 않았다. 다음 강의 시간에는 사정이 완전히 달라졌다. 그의 강의는 매우 철저하고, 자유롭고, 유쾌했다……. 깔끔한 이 칸트 선생은 이상한 복장을 한 학생 앞에서는 제대로 강의를 하지 못했다. 길게 늘어뜨린 장발이라든지 가슴팍을 내보인 옷차림 등을 보면, 마음이 가라앉지 않았던 것이다. 언젠가는 늘 앞에 앉아있던 학생의 웃옷 단추가 떨어져 있었기 때문에, 그것이 마음에 걸려 강의를 제대로 하지 못했다."

학문이 넓고 깊다고 하여, 반드시 강의를 잘하는 것은 아니겠지요. 더욱이 다소 내성적인 성격의 칸트로서는, 많은 청강생이 몰려든 첫 강의가 무척 부담스러웠을 수 있습니다. 하지만 그는 이 어려운 관문을 잘 통과한 후, 강의준비를 철저히 하여 매우 즐겁고 유쾌하게 강의를 이끌었던 것 같습니다.

끈질긴 기다림 끝에 찾아온, 대학교수 자리

칸트는 쾨니히스베르크 대학에 여러 차례 교수직을 지원했습니다. 그러나 실패를 거듭하곤 했지요. 첫 번째 기회는 존경하는 스승 크누첸의 죽음 후에 찾아왔습니다. 칸트 스스로 그 자리를 원했던 것인데요. 하지만 당시 칸트의 조국인 프러시아는 오스트리아의 여자황제 마리아 테레지아(아버지의 갑작스런 죽음으로 황제 자리를 물려받은 후, 유럽의 열강들 사이에서 오스트리아를 잘 지켜낸 여걸)와의 사이에, '7년 전쟁'이 금방이라도 터질 것 같은 분위기였습니다. 그 때문에 정부에서는 재정을 줄일 목적으로, 그 교수 자리를 아예 없애버렸던 것이지요.

두 번째 기회는 칸트의 나이 34세 때에 찾아왔습니다. 논리학, 형이상학 정교수인 키프케가 세상을 떠났는데요. 칸트의 재능을 누구보다 잘 알고 있던 은사 슐츠는 이 후임 자리에, 칸트를 추천했습니다. 그런데 바로 이때, 함께 그 자리에 지원한 사람이 전공의 선배인 북크였습니다. 당시 프러시아는 오스트리아와 전쟁 중이었습

7년 전쟁 1756년부터 1763년 사이의 7년 동안, 유럽의 여러 나라들이 둘로 갈라져 싸운 전쟁이다. 칸트의 조국 프로이센에게 슐레지엔 땅을 빼앗긴 오스트리아의 마리아 테레지아는 군비를 증강하고 프랑스, 러시아, 스웨덴 등과 동맹을 맺은 다음, 프로이센을 포위하였다. 한편, 영국과 손을 잡은 프로이센은 선수를 쳐, 기선을 제압하였다. 그러나 얼마 가지 않아 수세에 몰리다가 오스트리아, 러시아 연합군에게 크게 패하고 말았다. 그 후로 전세가 역전되어 프로이센은 슐레지엔의 영유권을 되찾고, 유럽 열강의 지위에 올랐다.

니다. 그런데 오스트리아와 동맹을 맺은 러시아군이 프러시아의 동쪽 지역에 쳐들어오는 바람에, 쾨니히스베르크는 러시아 군 사령관의 지배 아래 놓이게 되었습니다. 그리고 다름 아닌 이 사령관이 북크를 교수로 임명함으로써, 칸트의 두 번째 시도 역시 실패로 돌아가고 맙니다.

칸트의 명성이나 실력을 감안한다면, 그것은 누가 보기에도 불공정한 게임이었지요. 그런데 이처럼 불공정한 처사가 내려진 데에는, 평소 칸트의 고집도 한 몫을 거들지 않았을까 여겨집니다. 그 고집이란 취직하기 위해 윗사람에게 아부한다든가 경쟁자를 제치기 위해 따로 로비를 한다든가 하는 것을 매우 싫어했다는 점입니다. 칸트는 시간강사로서의 지위를 다시 받아들이고, 오직 교수의 의무라여겨지는 연구와 강의에만 전념하기 시작하였습니다.

세 번째 기회는 38세 때에 찾아오는데요. 당시 쾨니히스베르크대학의 학장이자 시학교수였던 보크가 사망함에 따라, 그 후임 자리에 칸트의 이름이 거론되었던 것입니다. 하지만 칸트는 이 자리를 사양하고 맙니다. 시학(詩學)을 가르치는 자리는 자신에게 어울리는, 즉 적당한 자리가 아니라 여겼기 때문이지요. 평소부터 스스로 받을 자격이 없는 행복이나 지위 또는 명예를 받아들이는 것은잘못된 일이라 생각해온 칸트로서는 참으로 그다운 결정이 아닐 수없었습니다.

이러한 우여곡절 끝에, 드디어 42세의 칸트에게 일정한 수입이 보장되는 자리가 주어졌는데요. 그것은 바로 왕실 도서관의 부사서 자리였습니다. 보통 사서(司書)라 함은 도서관에서 문헌을 수집, 정리, 보관하고 대출과 이에 필요한 정보를 제공하는 사람을 가리킵니다. 따라서 부사서라고 하면 그 아래 자리에 해당하기 때문에, 그리 대단해 보이지는 않거든요. 그럼에도 칸트는 이 자리를 흔쾌히 받아들입니다. 그리고 그로부터 3년 후에 찾아온 에어랑겐 대학에로의 초빙이나 4년 후 예나 대학에로의 초빙은 다시 또 사양하고 말지요. 베를린 대학은 이보다 한걸음 더 나아가, 다른 곳에 비해 많은 특권을 주면서까지 시학 교수로 칸트를 초빙하였습니다. 이 자리는 학술 축제와 국가적인 축제 때 시를 짓는 것이 의무였거든요. 그러나 칸트는 이 자리마저 거절하고 맙니다.

그렇다면, 칸트는 왜 이렇게까지 해야 했을까요? 물론 시학 교수 자리가 자신의 적성에 맞지 않다고 판단했을 수도 있고, 또 우리가 알 수 없는 또 다른 이유도 있을 수 있지요. 하지만 무엇보다 자신의 고향 쾨니히스베르크를 떠나고 싶지 않았던 것이 첫 번째 이유가 아닐까 여겨집니다. 어찌됐건, 그러한 일 때문에 후세 사람들은 《순수 이성 비판》 대신 칸트의 시를 읽어야 하는 사태를 벗어날 수 있게 된 셈이지요.

고향에서 조용히 자신의 철학을 완성하고자 했던 철학자에게 기회가 찾아온 것은 칸트의 나이 46세 때였습니다. 1770년, 쾨니히스베르크 대학의 신학·수학 교수였던 랑한젠이 사망한 것입니다. 이러한 상황에서 칸트는 당시 논리학·형이상학의 교수직에 있던 부크를 랑한젠의 후임으로 삼는 대신, 자신을 논리학·형이상학의 정교수로 추천할 것을 요청하게 됩니다. 그리고 보름 후 부크가 그 자리로 옮겨가고, 그 후임으로 칸트가 임명을 받게 되는 것이지요. 왕이 내린 교수임명장에는 학생들을 열성적으로 가르쳐야 한다는 전제 아래, "당신의 근면과 탁월함 때문에, 그리고 무엇보다도 당신이 철학에서 이룩한 학문적인 성과 때문에 당신을 교수로 초빙합니다"라고 쓰여 있었습니다.

참고로, 현재 우리나라에서 사립대학의 교수는 이사회의 의결을 거쳐, 그 대학의 총장이나 이사장이 임명합니다. 그러나 국립대학 교수는 여러 단계의 선발과정을 거쳐, 교육부장관이나 대통령이 임명하지요. 물론 형식상으로는 각 대학의 총장이 임명하는 것으로 되어 있지만, 그래도 어느 정도는 당국의 검증을 통과해야 합니다. 지금도 대부분의 독일 대학은 국립이기 때문에, 여기에서 '재상(장관)'이라든가 '왕'이라는 표현이 등장하는 것 같습니다.

이에 따라 칸트는 일이 복잡한 데다 단조롭기까지 한 도서관 부사서 자리를 사임하고요. 이후 평생 동안 자리를 지킨 논리학 및 형이상학 정교수로 취임합니다. 이때의 취임 논문은 〈감성계 및 예지계의 형식과 원리에 관하여〉이었는데요. 비판적 방법에 눈을 뜨기 시작했다고 평가받는 이 논문은 칸트의 철학사상 발전에 있어서, 매우 중요한 의미를 갖고 있습니다.

독일에서는 대학교수에 대한 대우가 아주 좋은 편이고, 사회적 평판도 대단히 높습니다. 따라서 누구나 선망하는 직업 가운데 하나이고, 그에 따라 그 자리에 오르기가 매우 어렵습니다. 아무리 그렇다 해도, 마흔여섯 살까지 버티며 대학교수직을 꿰찬 칸트의 집념이야말로 놀랄 만하지 않습니까?

탁월한 강의, 참 스승

그로부터 7년 후인 1777년, 당시 가장 번성했던 할레 대학에 자리가 비었습니다. 이때, 칸트를 존경해마지 않았던 재상 쩨드리쯔는 두 배의 봉급과 그 밖에 몇 가지 더 좋은 조건들을 덧붙여, 이 위대한 학자를 초빙하려 하였습니다. 당시 쾨니히스베르크 대학에서 칸트가 받은 봉급은 236달러였는데요. 재상이 제시한 금액은 600달러였고, 다음해부터는 800달러로 올려주겠다고 제의했습니다. 그런데 칸트는 이 매력적인 자리를 또 사양하고 맙니다. 대신 이 재상의 호의에 보답하는 의미에서, "《순수 이성 비판》을 재상에게 바친다"는 내용의 글을 써주었지요. 결국 칸트가 그 자리를 사양한 까닭 역시 앞에서 말한 바와 마찬가지로, 쾨니히스베르크 도시를 떠나고 싶지 않았기 때문으로 보입니다. 이를 통하여, 그가 고향 도시를 얼마나 사랑하였는지 짐작할 수 있겠지요?

가난하고 고달픈 강사생활을 15년 동안이나 한 끝에, 마침내 칸트는 철학교수가 되었고요. 이때부터 그는 오직 연구에만 전념합니다. 그런 가운데서도 수입을 늘리기 위하여, 공개강좌를 자주 열었는데요. 그 인기가 대단하였다고 합니다. 청중으로는 군인, 귀족, 상인(商人) 등 온갖 직업의 사람들이 몰려들었고요. 그 수가 너무 많아, 강의실 밖 복도에까지 들어차기도 했다고 합니다. 요즘 표현으로 하면, 스타 강사였던 셈이지요.

그는 대학에서 정해진 휴가 이외에 강의를 중지하거나 늘어본 적이 없었습니다. 그는 언제나 강의에 충실하였으며, 명확하고도 흥미롭게 논의를 이끌어나갔습니다. 그는 강의노트를 가지고 들어가지 않는 대신, 교과서의 빈 여백이나 쪽지에 메모를 하여 때때로 그것을 참고하며 강의를 하였습니다. 하지만 본래의 강의 내용에서 벗어나는 일이 잦았으며, 그것을 깨달으면 곧 "그것은 그렇고"라는 말로 중단하고 다시 되돌아가곤 했습니다. 젊은 시절 칸트가 강의에 열중하던 모습은 당시 독일의 유명한 사상가이자 문학자이면서 괴테의 친구이기도 했던 헤르더의 한 편지에, 이런 내용으로 그려져 있습니다.

"내가 청년 시절에 한 철학자를 만나, 그의 강의를 들을 수 있었던 것은 참으로 감사할 일이다. 그야말로 나에게 있어서, 인도주의의 참 스승이었다. 당시 가졌던 그의 정열은 노년이 되어서도 사라지지 않았다. 발랄한 시절의 칸트는 젊은이만이 지닐 수 있는 경쾌함을 띠고 있었고, 사색을 위해 만들어진 것 같은 그의 넓은 이마에는 명랑한 기쁨이 사라지지 않았으며, 그의 입술을 타고 쏟아지는 깊고 넓은 사상의 달변에는 해학(諧謔, 익살스럽고도 품위가 있는 말이나 행동)과 재치와 변덕 같은 것이 떠날 줄 몰랐다. 그것은 적절한 때에 튀어 나왔으며, 그 덕분에 그의 강의실은 마치 즐거운 사교장 같았다. ……그의 강의는 오직 진리를 찾아 헤매는, 그리하여 인류의 행복을 증진하려는 매우 아름다운 정열이었다. 한마디로 그의 교훈적인 강의는 큰 즐거움의 통로였다. …… 그는 악의(惡意)라는 것을 전혀 몰랐다. 당파심이라든가 파벌 근성 같은 것은 그와 인연이 멀었다. 그는 젊은이들의 인기를 구하지 않았고, 문하생들에게 이름을 빌려주는 것조차도 그가 구하는 영광이 아니었다. 그는 학생들을 스스로 생각하도록 일깨워 주었고, 그들의 사색을 기분 좋게 이끌어주었다. 그는 거만하게 자신이 말한 것을 받아쓰도록 한다거나, 권위로서 가르치려 한다거나, 교의(敎義, 독단적으로 가르쳐지는 진리)를 강요하거나 하지 않았다. …… 이 사람의 이름은 바로 임마누엘 칸트다!"

3

평생 독신으로 지낸 철학자

평생 독신으로 지낸 철학자

이제 여러 가지 생활 여건도 안정되고 했기 때문에, 칸트는 결혼을 하려고 맘을 먹었습니다. 이 무렵, 철학교수의 마음을 사로잡아 호감을 품게 했던 두 여자가 있었는데요. 한 여자에게는 청혼하는데 너무 뜸을 들이다가, 그 여자가 먼 곳으로 이사를 가 버렸고요. 다른 또 한 여자는 칸트보다 한 발 앞서 약혼을 요구한, 용감한 남자를 선택하여 떠났습니다. 결국 두 번에 걸친 노총각의 결혼 시도는 모두 실패로 돌아가고 말았지요.

이에 대해, 칸트는 "결혼한 남자보다 독신자가 더 오랫동안 원기왕성하다"라는 말로 스스로 위안을 삼는다거나, "결혼한 사람들의 험상궂어진 모습은 그들이 걸머진 굴레가 힘들다는 것을 나타내는 것이 아닐까?"하고, 조금 심통을 부리기도 하였지요.

이후 칸트는 평생 결혼하지 않고, 독신으로 지냈습니다.

철학의 천재

다음으로, 칸트의 사교생활은 어땠을까요? 이를 이해하기 위해서는, 그가 어떻게 하여 세상 사람들에게 알려지게 되었는지부터 살펴봐야 할 것 같네요. 46세의 나이에 늦깎이 대학교수가 된 칸트는 이후 11년 동안, 아무런 저서도 출판하지 않고 있었습니다. 그리고 그 오랜 침묵 끝에 1781년, 비로소 친구들과 동료들에 의해 간절히 기다려졌던, 첫 번째 저서인《순수 이성 비판》이 간행되었는데요. 이 책으로 그는 갑자기 유명해지고 말았습니다. 유능한 대학교수이자 존경받는 철학 연구자인 칸트는 57세의 나이로, '철학의 천재'라는 사실을 온 세상에 증명하였지요.

이제 칸트는 독일 안에서뿐만 아니라, 독일 밖에서도 이름이 알려지기 시작했고요. 마침내 유럽 전체에서 수많은 사람들로부터 존경을 받게 되었습니다. 칸트의 철학은 거의 유행처럼 되어 그 저서들이 귀부인들의 안방에도 스며들었고, 이발사들이 그의 용어를 사용한다는 기록까지 나왔습니다. 서양 철학사를 통틀어《순수 이성 비판》처럼, 단 한 권의 책이 그처럼 커다란 위력을 발휘하는 경우는 그리 많지 않을 것입니다. 또한《순수 이성 비판》이후로 쏟아진 저서들을 통해 체계화된, 그의 비판철학은 거의 모든 대학에서 강의의 소재가 되었습니다. 쾨니히스베르크를 새로운 철학의 성지(聖地)로 여긴 젊은이들이 그 도시로 몰려들었지요. 그들은 마치 신탁(神託, 인간에게 전달하고자 하는 신의 뜻, 의지)을 구하듯이, 칸트에게서 온갖 문제에 대한 해답을 얻으려 했습니다. 이렇게 보면, 칸트가 침묵을 지킨 그 11년이야말로 위대한 작품을 잉태하여 세상에 내놓기 위한, 산고(産苦)의 세월이었던 셈이지요.

물론 대학 안이나 대학 밖에서, 칸트 자신의 학문적 위치 또한 최고조에 달했습니다. 쾨니히스베르크 대학의 평의원을 거쳐 차례대로 돌아오는 학장의 직책도 맡아보았고요. 62세 때인 1786년과 64세 때인 1788년의 여름 학기에는, 두 번씩이나 총장에 취임하였습니다. 다른 한편으로, 역시 62세 때인 1786년에는 베를린 학술원 회원이 되었고, 이어 1794년에는 페테르부르크 학술원, 그리고 1798년에는 시에나 학술원 회원으로 등록되었습니다.

사교생활을 즐긴 철학자

이처럼 유명해진 칸트가 과연 다른 사람들과는 원만하게 잘 지냈을까요? 우리가 이런 염려를 하는 이유는 칸트 하면 누구에게든지 시계바늘처럼 정확한 사람, 연구에만 몰두하는 학자, 40년 동안의 대학교수 생활 동안 한 번도 지각이나 결강의 기록이 없는 경건한 인물로 그 이미지가 떠오르기 때문일 것입니다. 하지만 칸트는 매우 개방적인 데다, 사교성까지 갖춘 사람이었습니다.

칸트가 모교에서 시간강사 생활을 할 때 프로이센과 오스트리아, 프랑스, 러시아 사이에 '7년 전쟁'이 일어나, 쾨니히스베르크가 러시아군에 의해 점령된 적이 있었습니다. 하지만 칸트는 러시아의 장교들과도 마음을 터놓고 교제하며, 그들을 위하여 개인 강의를 해주기까지 하였습니다. 이 시기 칸트에게서 배운 사람들이 러시아에서도 우대를 받아, 후대에까지도 칸트에 대한 존경과 연모의 마음이 대단했다고 전해집니다. 당시 러시아는 서구 선진국의 문화나 기술을 열심히 받아들여, 이제 막 눈을 뜨기 시작한 프로이센보다 훨씬 더 앞서가는 문명국가였거든요. 따라서 칸트의 관심은 프로이센보다 오히려 동쪽의 러시아로 향하고 있던 것으로 보이며, 그 배경에는 조상들의 뿌리인 북쪽 나라에 대한 동경과 친근감도 작용했으리라고 짐작됩니다. 그 후로 러시아 군대가 철수하고, 이번에는 프로이센군이 주둔하였는데요. 칸트는 이들 장교들을 위해서도, 자연지리학과 수학에 대한 강의를 해주었다고 합니다.

그렇다면, 평생 고향 도시를 떠난 적이 없는 칸트가 어떻게 여러 사람들과의 대화에 낄 수 있었을까요? 칸트는 그 장소가 어디든, 학자로서의 연구는 얼마든지 가능하다고 생각하였는데요. 특히 쾨니히스베르크라는 도시는 여러 나라를 돌아다니는 무역상들이 많았기 때문에, 굳이 여행을 하지 않아도 인간과 세계에 대한 지식을 넓힐 수 있는 도시로 간주했던 것 같습니다. 더욱이 이 도시는 칸트가 좋아하는 러시아와도 지리적으로 매우 가까웠는데요. 이곳을 점령하고 있는 동안에도, 러시아 당국은 이곳 문화를 존중하는 정책을 취해주었던 것입니다.

그러면 칸트와 가장 친한 사람이 누구였을까요? 조셉 그린과 마자비 입니다.

조셉 그린은 스코틀랜드에서 쾨니히스베르크로 이사를 와, 상인으로 성공한 경우에 속하는데요. 매우 고결하면서도 한편으로 기인(奇人)이라 불릴 만큼, 특이한 인격의 소유자였습니다. 그럼에도 불구하고, 칸트는 여러 해 동안 매우 자주 이 사람의 집을 찾아가 친교를 즐겼다고 합니다. 따라서 그린의 때 이른 죽음은 칸트에게 적잖은 충격으로 다가왔고, 이후 칸트는 생활 방식을 크게 바꾸게 됩니다. 모든 밤 모임에는 나가지 않고, 저녁 식사 자리에로의 초대 역시 정중하게 거절하였던 것이지요.

또 하나의 친구인 스코틀랜드 출신 마자비 역시 칸트에게는 더할 나위 없는, 우정의 대상이었습니다. 나이가 든 칸트는 일요일의 정오를 이 친구를 위하여 바쳤습니다.

즐거운 식탁, 세련된 교수

칸트의 교제 대상은 학문의 동료뿐만 아니라 군인, 정치가, 상인, 부인들 등 실로 다양했습니다. 칸트는 상대방의 신분이나 나이, 종교적 신념 등에 구애받지 않았고, 자기 생각을 다른 사람들에게 강요하지도 않았습니다. 다만 프랑스 혁명에 대해서만큼은, 자기 견해와 다른 사람을 만나고 싶어 하지 않았다는군요. 칸트는 교양 있는 부인들과의 교제를 즐기긴 했으되, 특별히 많이 배운 여자를 더 좋아하거나 하진 않았습니다. 대신 여자들이 수수하고 쾌활하며 가정적일 것, 살림살이 잘하고 요리도 잘하기를 원했다고 합니다.

다음은 칸트의 부음(訃音)을 들은 부인들 사이에 주고받은 대화 내용인데 그가 사람을 가려 사귀지 않았다는 사실을 알 수 있습니다.

"나는 그분을 저서를 통하여 아는 것이 아니다. 그 분의 형이상학에 대한 사색은 나의 이해력을 초월하고 있다. 다만 나는 이 유명한 분과 즐겁게 교제한 덕분에, 아름답고 지혜가 풍부한 이야기를 들을 수 있었다. 나는 쾨니히스베르크에 있는 가이저 링크 백작의 저택에서, 이 즐거운 대화의 상대와 매일 이야기할 수 있었다. 그분은 이 집의 30년 지기 친구였는데, 나는 설마 그 사람이 철학에 대해 한 시대를 흔들 만큼 그처럼 혁명적인 사상가일 줄은 짐작조차 하지 못했다."

친구나 주변 사람을 '왕따' 시키는 행위는 고상한 칸트의 인격과 어울리지 않았던 것이지요. 또 하나는 칸트가 대화의 상대에게 부담을 주는 말은 하지 않았다는 것, 철학자입네 하며 뻐기거나 하지는 않았다는 점입니다.

그러면 칸트는 어디에서, 어떤 방식으로 교제를 나누었을까요? 찻집이나 식당, 어느 선술집이 아닌 자신의 집에서 점심식사를 준비하고, 바로 그 자리에 여러 사람을 초대했다고 알려져 있습니다. 하지만 칸트가 정작 자기 자신의 집을 갖게 된 것은 환갑이 훨씬 지난 63세 때, 즉 1787년 때의 일이었습니다. 그렇다면, 그 전에는 어땠을까요? 그때는 보통 호텔 같은 곳에서 점심을 들었는데, 그 자리에는 저명한 정치가나 군인들이 함께 자리를 했습니다. 거꾸로 칸트역시 그러한 사람들의 초청을 받아, 그들 집을 방문하기도 했고요.

자신의 집을 갖게 된 후로, 칸트가 초대한 손님들의 직업은 다양했습니다. 공무원, 교수, 의사, 교양 있는 상인, 젊은 학생 등등. 칸트의 끊임없는 호기심과 왕성한 상상력은 이처럼 점심 식탁에서 훈련되고, 또 발휘되었던 것이지요. 그렇다면 그 자리에 과연 몇 사람이나 참석했을까요? 그의 저서 《인간학》을 보면 알 수 있습니다.

"좋은 사교 동료와의 즐거운 식사 자리에는 우아의 여신 **카리테스**의 수(3인)보다 적어서는 안 되고, 예술의 여신 **무사이**의 수(9인)보다 많아서도 안 된다. ······철학하는 자에게, 혼자 식사하는 것은 매우 불건강한 일이다."

평소 연구에 집중하는 칸트였지만, 식탁에서는 매우 말을 잘하는 달변가였다고 합니다. 하지만 자랑하기 위한 웅변은 싫어하였다지요. 왜냐하면, 그것은 청중을 억지로 설득하기 위한 기술에 지나지 않으며, 상대방을 설득시킬 근거가 없을 때 청중을 속이려는 술수에 지나지 않다고 보았기 때문입니다.

식탁에서의 이러한 자세는 평소의 삶에도 그대로 연결되었는데요. 칸트는 요란한 선전이나 홍보, 오늘날의 매스컴 보도를 원치 않았고요. 질이 떨어지는 책을 내는 일 역시 피하였습니다. 그것은 진리에 대한 모독이며, 스스로를 세상에 싸구려로 내다 파는 일이라 보았기 때문이지요. 칸트에 있어서 세상에 아부하고 세상에 교태(嬌態, 아양을 부리는 태도)를 부려 인기를 끌어보려는 작태는 없어져야 할, 나쁜 버릇에 지나지 않았습니다. 이와 마찬가지로, 스스로를 꾸며 실제의 재능을 숨기는 일 역시 잘못된 것이라 보았습니다.

자기 자신의 능력을 발휘하여 자기에게 주어진 의무를 다하는 일이야말로 인간으로서의 참된 도리가 여겨졌던 것이지요.

카리테스 그리스 신화에서, 미와 우아의 여신들. 보통 아글라이아(빛남), 에우프로시네(기쁨), 탈레리아(꽃다발)의 세 자매를 가리킨다. 그녀들은 단순히 육체적인 아름다움과 매력을 주는 데 그치지 않고, 시가(詩歌)나 예술 분야에서도 똑같은 활동을 하는 존재로서 숭배되었다.

무사이 영어로는 뮤즈(Muse). 그리스 신화에 등장하는 아홉 명의 여신. 학예의 신 아폴론이 그들의 선도자이며, 각자가 맡은 학예의 분야가 있다. 무사이 여신들은 올림포스 산에서 연회가 열릴 때마다, 아폴론이 연주하는 수금에 맞추어 노래를 불렀다.

4

위대한 철학자의 마지막 모습

지혜로운 돈 관리

칸트의 죽음을 말하기 전에, 과연 위대한 철학자의 경제생활은 어땠는지부터 잠깐 알아보겠습니다. 칸트는 가난한 집안에서 태어나 대학을 졸업하기까지 큰아버지로부터 경제적인 도움을 받는 한편, 스스로 가정교사를 하여 생활을 꾸려나갔습니다. 하지만 기나긴 시간강사 시절 동안에도, 생활고를 벗어나진 못했습니다. 그는 젊은 강사 시절에 수입이 너무 적어, 끼니를 거르기도 했습니다. 그런 가운데에도 병이 생길 경우를 대비하여, 매월 20탈러(옛날 독일의 화폐 단위를 나타내던 말)의 돈을 저축해 놓고는 절대로 손을 대지 않았습니다. 하지만 나이가 들었을 때쯤에는 풍족한 생활을 누릴 수 있었고,

죽은 후에는 2만 탈러(탈러와 달러의 가치가 거의 비슷하고, 오늘날 우리 돈으로 따지면 약 2천만 원 정도)나 되는 많은 유산을 남겼습니다.

그렇다면, 본래 가진 것이 없던 그가 당시 학자로서는 꽤 큰 금액인 이 재산을 어떻게 마련하였을까요? 그것은 칸트 자신의 땀과 노력의 산물이었습니다. 즉, 그 돈은 강의와 저서로부터의 수입(인세), 봉급과 그의 검소한 생활에서 절약된 부분으로 모아졌고요. 여기에 친구인 그린과 마자비 두 상인에게 맡겨진 돈에서 발생한 이자가 합쳐진 것이었습니다. 이런 점에서, 칸트는 심오한 학자이자 엄격한 도덕가인 동시에, 이재(理財, 재물을 운용하는 일)에도 상당히 밝은 사람이었다고 평할 수 있겠지요?

어려서부터 가난을 뼈저리게 체험한 칸트는 누구로부터도 빚을 지지 않는 것, 가급적 다른 사람으로부터 신세를 지지 않는 것을 생활신조로 삼았습니다. 빚을 지고서 다른 사람으로부터 압박감을 느끼는 것은 스스로의 인격을 천하게 만드는 일이라 여겼던 것이지요. 이러한 신념 덕분인지 그는 일생동안 누구한테도 돈을 빌린 일이 없었고, 그 덕분에 언제나 사람들의 방문을 유쾌하게 받아들일 수 있었다고 합니다.

그렇다고 하여, 칸트가 구두쇠나 수전노였던 것은 또 아닙니다. 친척이나 해고시킨 하인 등, 생계가 곤란한 이웃사람들에게는 연금 등을 지불하며 도왔고요. 형제들과 친족들에게 보조금으로 매년 200달러 정도를 지급하기도 했습니다. 스스로는 근검절약하면서 형편이 어려운 이웃을 도울 줄 알았던 칸트의 경제생활이야말로 우리 모두가 배워야 할, 삶의 모습이 아닐까요?

그럼 이제 칸트의 형제들에 대해서 살펴보도록 하지요. 칸트의 형제자매는 모두 9명(11명이라는 설도 있음)이었는데요. 태어날 때 죽거나 태어나 일찍 죽은 사람을 빼고, 어른이 된 사람은 칸트를 포함하여 모두 여섯 명 뿐이었다고 합니다. 이 가운데에는 다섯 살 위인 누나와 세 명의 여동생, 그리고 열한 살 아래인 남동생이 있습니다.

칸트는 남동생과 함께 살았던 것 외에는 늘 혼자였지요. 하지만 그 남동생 역시 형의 강의에 참여하고 잠깐 몇 마디 대화를 나누는 것 외에는, 그다지 많은 접촉을 하지 않았던 것 같습니다. 또 그는 대학을 마치고 북쪽의 네덜란드로 부임해간 이후 그곳에서 가정교사, 김나지움 교장, 목사 등의 직책을 차례차례 맡아보았으나 안타깝게도 형보다 먼저 세상을 떠났습니다. 그런데 칸트는 그의 유족들에까지 보조금을 보내주었다고 하네요.

여동생들 역시 오빠와 이렇다 할 왕래는 없었으나 칸트가 경제적으로 어느 정도 기반을 잡게 되었을 때, 여동생들에게 관심을 쏟게 됩니다. 칸트는 형제들간 우애는 매우 좋지는 않았지만, 그렇다고 하여 서로 반목(反目)할 만큼 불화하지는 않았습니다.

칸트의 하나 뿐인 누나는 평생 독신으로 지냈고요. 큰 여동생은 제화공(구두를 만들어 파는 사람)과 결혼하였으나, 나중에 다섯 아들들을 안고 이혼하였습니다. 둘째 여동생은 직물공과 결혼하였지만,

아이도 없이 44세로 죽었고요. 막내 여동생은 가발공과 결혼하였는데, 1년도 못되어 남편과 사별하였답니다. 그 이후 아이도 없이 자선원(일종의 사회복지 시설)에서 여승으로 살면서, 오빠인 칸트로부터 생활비를 받았는데요. 바로 이 여동생이 칸트의 노년에 오빠를 돌보면서 오빠의 사후(死後)까지 생존한, 유일한 자매가 되었지요.

칸트는 이웃에게 자비를 베푸는 대신, 자신의 집을 꾸미는 일에는 매우 검소했습니다. 예순 살이 넘어서야 비로소 낡은 집을 하나 샀다고 하는데요. 방안에는 책상과 책꽂이 이외에 책장 두 개가 있었고, 벽에는 루소의 초상화 한 장이 걸려 있었을 뿐입니다.

집 문제와 관련하여, 처음에는 친구의 집에 함께 살거나 월셋집에서 살았습니다. 이 무렵 칸트는 무려 여섯 번이나 이사를 하는데, 그 이유는 대개 주변이 시끄러웠기 때문입니다.

칸트가 난생 처음 마련한 자택은 성 근처의 큰길가에서 떨어진 뒷골목에 있어 차의 왕래도 적어 조용했고요, 2층으로 되어 있는 데다 방이 8개나 되었습니다. 조그마한 정원에는 꽃과 과실나무가 심어져 있고, 장미가 필 무렵에는 방문객들이 끊이지 않았습니다. 집의 아래층에는 강의실과 요리사의 방이 있고, 위층에는 식당, 도서실, 침실, 응접실과 서재가 있었으며, 다락방에는 늙은 집사 람페가 살고 있었습니다. 실내는 매우 검소하여 장식물이 거의 없었고, 서재 벽에 친구로부터 선물 받은 루소의 초상 동판화만 하나 걸려 있었습니다. 그러나 이 집의 한 가지 흠이 있다면, 감옥에서 멀지 않은 탓에 죄수들의 노랫소리가 그치지 않았다는 점입니다. 이 때문에 칸트는 매우 괴로워했고, 이 괴로움을 교도소 소장에게 하소연해보았지만 별 효과가 없었습니다.

칸트의 생활은 아주 평온하게 진행되었습니다. 프로이센 교육부 장관과의 알력을 제외하고는, 외적인 사건도 그렇게 많이 일어나지 않았고요. 칸트의 일생 가운데 거의 유일하게 누군가와 충돌한 일이 있다면, 아마 교육부 장관이 칸트에게 화를 낸 사건뿐일 것입니다. 그는 칸트가 종교에 대해 너무 합리적인 문장으로 책을 썼다고 화를 냈습니다. 요즘 생각하면 참으로 황당한 이 사건을 겪고, 침착한 성품의 칸트는 다음과 같은 말로 한걸음 물러섭니다.

"만일 어떤 사람(칸트 자신을 가리킴)의 말이 모두 참이라 할지라도, 모든 진리를 공공연하게 말해야 하는 것은 아니다."

이 말을 뒤집어보면, '내 주장에 틀린 점은 하나도 없다. 하지만 나와 정부 당국자의 생각이 다르니, 당분간 내가 말을 삼가겠다'는 정도의 뜻이 아닐까 싶네요. 물론 이 말 한 마디로 모든 사태가 해결된 것은 아니었습니다. 종교적 주제에 대한 칸트의 강의나 저술활동이 한동안 금지 당했으니까요. 하지만 정면충돌 대신 한 발짝 양보의 길을 선택한 칸트의 처신이 현명했다고 여겨지지 않나요? 어떻든 그렇게 함으로써 위기를 잘 극복해냈으니까요.

쇠약해가는 육체

그러나 쾨니히스베르크의 철학자 역시 세월 앞에서는, 어쩔 수 없는 하나의 인간에 불과했던 모양입니다. "앞에서 오는 도적은 막아도, 뒤에서 오는 백발(白髮)은 막지 못한다"는 속담처럼, 아무리 위대한 정신이라도 육체적인 노쇠는 막을 도리가 없었던 것이지요. 칸트는 《실천 이성 비판》과 《판단력 비판》 등의 역작을 낼 무렵, 늙어가는 자신의 심정을 라인홀트에게 보낸 편지에 이렇게 담고 있습니다.

"나이가 들면, 참 어려움이 많습니다. 몸과 마음의 힘을 유지하기 위해, 어떻게 해서든 기계적으로 일을 하게 됩니다. 최근 몇 년 동안 느낀 일인데, 책을 읽든지 원고를 쓰든지 밤 시간에는 연구하지 않는 것이 좋을 듯합니다. ……밤의 휴식이 부족하지 않도록 하는 것이 중요하다고 봅니다. 이와 반대로 아침에는 빨리 일어나 오전 중에 일을 하는데, 하지만 그 가운데 일부 시간은 강의에 빼앗기게 되네요. 66세가 되고 보니, 치밀한 연구는 더 어려워집니다."

그로부터 6년 후인 1796년, 72세가 된 칸트는 여름 강의를 중단하기에 이릅니다. 74세 때인 1798년 가르베에게 보낸 편지에는, 이런 내용이 들어있습니다.

"나는 지금 철학의 모든 문제에 있어서, 총결산을 해야 할 때가 다가오고 있음을 느낍니다. 하지만 아직 완성을 보지 못한 상태네요. 그러면서도 나 스스로는 이 임무를 해낼 수 있다고 믿고 있으니, 다시 말해 절망적이라기보다 차라리 **탄탈로스**의 고통과 같은 것이 아닌가 여겨집니다. 내가 현재 다루고 있는 과제는 〈자연과학의 형이상학적 시원에서 물리학의 이행〉에 관한 문제입니다. 어떻게든, 이 문제를 해결하지 않으면 안 됩니다. ⋯⋯그러나 이를 실현하는 데 끊임없이 다가오는 장애로 인하여, 이제 더 이상 어쩔 수 없다는 생각이 듭니다."

우리는 지금 철학 체계의 완성을 위하여 끊임없이 노력하는, 한 인간의 위대한 모습을 보고 있습니다. 어떻든 이 최후의 저서 때문에 칸트의 마지막 남은 에너지마저 거의 다 소모되어버린 듯합니다. 나중에는 뛰어난 기억력마저 급속하게 쇠퇴하여, 책상 위에 비망록(備忘錄, 잊지 않으려고 적어둔 메모장)이 없으면 안 될 정도가 되었습니다. 다음은 1802년 4월 28일, 칸트가 쉔 목사에게 보낸 편지(칸트

탄탈로스 그리스 신화에 나오는, 탄탈로스 가문의 조상. 제우스의 아들로서 부유한 왕이었으나, 신들의 음식물을 훔쳐 인간에게 주었기 때문에 지옥에 떨어졌다. 그가 늪 속에 목까지 잠겨 있는 상태에서 머리 위에는 익은 과일이 열려 있는 나뭇가지가 늘어져 있지만, 손을 뻗쳐 따려고 하면 나뭇가지는 위로 올라간다. 또 물을 마시려고 하면, 물이 입 아래로 내려간다. 이처럼 영원한 굶주림과 갈증으로 고통 받고 있는 상태를, 탄탈로스와 같은 운명이라고 부른다.

는 여기에 서명만 하였음)의 내용입니다.

"나의 체력은 나날이 쇠퇴하고, 근육은 점점 시들어갑니다. 지금까지 큰 병에 걸린 일이 없고, 지금도 병에 대한 두려움은 없지만, 거의 2년 가까이 외출한 일이 없습니다. ……그러나 친척들에 대한 나의 호의는 죽을 때까지 변하지 않을 것이며, 죽은 후에도 똑같을 것입니다."

최근 10여 년 동안, 칸트 곁에서 그를 보살피고 위로한 사람은 제자인 바지안스키 목사였습니다. 그는 막 78세가 된 칸트에게 운동하길 권했습니다. 어느 따뜻한 봄날, 제자 목사는 스승을 밖으로 모셔 나갔습니다. 그러나 노(老) 철학자는 정원의 아름다운 경치도 물리친 채, 오직 방안에 있는 자기 자리만을 원했습니다. 칸트는 1803년의 생일을 무척 기다렸다고 합니다. 하지만 막상 그날이 닥치고 보니, 몸이 쇠약해진 노 철학자에게는 번거롭고 귀찮은 날에 지나지 않았지요.

가을이 되자 칸트의 몸은 더욱 약해졌고, 간혹 넘어져 생명을 잃을 뻔한 일도 생겨났습니다. 그러나 위대한 정신답게, 그는 용기를 잃지 않고 묵묵히 참아나갔지요. 이때 육친으로서 오직 하나 남은 막내 여동생 카타리나(당시 72세)가 와서, 오빠 곁에 머물러 있었습니다. 칸트를 숭배하고 존경하는 사람들이 수시로 찾아왔지만, 칸트는 그 누구와도 만나길 원치 않았습니다. 자신의 늙은 모습을 보이는 것이 싫었던 것이지요. 제자 가운데 수제자라 할 수 있는 야하만이 찾아와도, 칸트는 그를 알아보지 못했습니다. 야하만은 불쌍한 스승을 향해 마지막 포옹을 하고, 눈물로 이별했습니다.

그러던 어느 날, 칸트는 음식을 너무 많이 먹은 탓에 넘어져, 의식불명이 되었습니다. 칸트의 일생 가운데 병다운 병을 얻은 것은 이때뿐이었는데, 다행히 얼마 가지 않아 회복은 되었지요. 그러나 1803년 말이 되자, 이제 눈도 거의 보이지 않게 되었어요. 그는 모든 위임장에 겨우 서명만 하고, 나머지 일은 모두 제자인 바지안스키에게 맡겼습니다.

위대한 정신

드디어 1804년 2월이 되었습니다. 2월은 작년 여름에 칸트가 "아름다운 2월은 날짜 수가 적고, 따라서 괴로움도 적을 것이다"라고 기록한 달이기도 했지요. 그러나 2월이 되어, 칸트는 아무 것도 먹을 수 없는 지경이 되었습니다. 식물인간처럼 겨우 생명만 지탱하고 있을 뿐이었지요. 2월 5일, 의사가 왔습니다. 이 주치의는 칸트의 동료이자 쾨니히스베르크 대학의 학장인 의학부 교수 에르스너였는데요. 칸트는 온힘을 다해 의자에서 일어나, 손을 내밀었습니다.

"중요한 자리에 계시면서도, 이렇게 찾아준 것에 대해 감사하다"는 요지의 말을 더듬거리는 말투로 하며, 의사가 앉으라고 권하여도 앉으려 하지 않았습니다. 그리고 의사가 의자에 앉는 것을 보고 나서야, 비로소 자리에 앉았습니다. 이 행동을 통하여, 과연 우리는 무엇을 배울 수 있을까요? 최선을 다하여 인간에 대한 존경의 마음을 나타내려 했던, 위대한 인격이 아닐까요? 이러한 장면 앞에서 의사는 눈물겹도록 감동하였고, 함께 자리했던 사람들 역시 이 기품 있고 훌륭한 철학자의 모습에 감탄을 금치 못했습니다.

그러나 칸트는 더욱 더 쇠약해져 갔습니다. 전혀 먹지를 못했고, 말도 하지 못했어요. 칸트는 실신상태에 빠져 죽음의 징후가 나타나기 시작했습니다. 11일, 칸트는 핏기 없는 입술을 시중하는 바지안스키 쪽으로 돌려, 오랫동안의 호의에 감사하는 이별의 키스를 하려 했습니다. 그동안 칸트가 다른 사람에게 입 맞추는 일은 거의 없었거든요. 입에 떠 넣어진 수프가 골골 소리를 내며, 목을 타고 내려갔습니다. 마지막 임종을 예고하는 여러 징후들이 나타나기 시작한 것이지요.

위대한 정신력으로도 더 이상 견딜 수 없을 만큼 쇠하여진 육체를 이끌고, 칸트는 마침내 1804년 2월 12일을 맞이했습니다. 그날 새벽 1시 무렵, 물에 탄 포도주로 입술을 적신 칸트는 가느다란, 그러나 알아들을 수 있게 "Es ist gut!(이것이 좋다. 혹은 여한이 없다)"는 한마디를 남겼습니다. 그리고 이것은 그의 마지막 말이 되었지요. 드디어 다음날인 12일 오전 11시 무렵, 대철학자의 정신을 80년 동안 지탱해준 육체라는 기계는 그 운전을 정지시켰습니다. 제자 바지안스키와 여동생 카타리나, 조카, 하인, 친구들이 보는 앞에서 말입니다.

사망하기 6년 여 전, 칸트는 의사인 후페란트에게 이런 글을 보낸 적이 있습니다.

"나이가 들었다는 것은 큰 죄이군. 그러기에 죽음으로써 죄를 받게 되는 거고."

'해야만 할 일이 있다면, 분명 할 수 있다'고 믿었던 칸트, 평생 이루어야 할 철학적 과업이 있다면 틀림없이 이룰 수 있다고 믿어 의심치 않았을 그가 육체적 한계 앞에서, 스스로의 무력감을 토로한 것이지요. 또한 마지막으로 남긴 말, "Es ist gut!"라는 말 속에도, '인간으로서 해야 할 일을 다 한 후, 그 나머지는 모두 신에게 맡긴다'라고 하는, 인간 칸트의 숭고한 정신이 잘 드러나 있습니다.

칸트의 죽음이 알려지자, 많은 사람들이 몰려들었습니다. 이젠 보잘 것 없이 야위어버린 시신 앞에, 아니 인류 역사상 가장 위대한 한 정신 앞에 그들은 평소 품었던 사랑과 존경의 마음을 맘껏 표현했습니다. 그리고 그 장면을 가슴속에 깊이 간직하며, 오랫동안 화제로 삼고 추억하였지요.

칸트는 평소 그의 인격에 어울리게, 조촐하고도 소박한 매장을 원했습니다. 하지만 실제 장례식은 성대하게 치러졌어요. 시내에 있는 모든 교회의 종에서 조종(弔鐘, 죽은 사람을 애도하는 뜻으로 치는 종)이 울려 퍼지는 가운데, 수천 명의 행렬이 운구(運柩, 상여를 장지로 운반하는 일) 뒤를 따랐습니다. 시신은 그가 평생 근무했던 쾨니히스베르크 대학의 캠퍼스 안 묘지에 안치되었고요. 독일의 유명한 관념론 철학자 셸링은 애도사에서 이렇게 말했습니다.

"그(칸트)의 신봉자나 반대자를 막론하고 그에게 덮어씌우는 모든 엉터리 모습에도 불구하고, 그 정신의 위대한 모습은 미래의 전 철학세계를 통해 두루 빛날 것이다."

그리고 그의 말은 오늘날 그대로 실현되었습니다. 먼저 세상을 떠난 선배들 사이에 끼여 있던 칸트의 묘는 가끔 그 장소를 옮기곤 했는데요. 지금의 묘에는 《실천 이성 비판》의 마지막 부분에 나오는, 그 유명한 구절이 새겨져 있습니다.

"내가 오랫동안 생각하면 생각할수록, 감탄과 외경(畏敬, 공경하면서 두려워함)을 내 마음 속에 채우는 두 가지가 있다. 그것은 내 머리 위에 별이 총총한 하늘과 내 마음 속의 도덕률이다."

실로 이 구절처럼 칸트의 인품과 신념, 사상이 잘 표현된 구절은 없을 것입니다. 밤하늘에 반짝이는 수많은 별들을 바라보고 있노라면, 누구든지 우주의 광대함과 인간 존재의 왜소함에 감탄과 두려움을 느끼지 않을 수 없을 것입니다. 이와 마찬가지로, 자기 자신의 마음속에서 우러나오는 '양심의 소리' 역시, 거부할 수 없는 어떤 힘으로 다가오는데요.

'아! 이 아름답고 고귀한 음성은 어디에서 들려오는 걸까? 내 작은 존재 가운데, 이 숭고한 심정이 어떻게 녹아들 수 있단 말인가? 이 작고 보잘것없는 육체 속에, 어떻게 이 장엄하고 고귀한 마음이 들어갈 수 있단 말인가? 수많은 자연적 사물과도 다르고, 본능에 따라 살아가는 동물과도 구별되며, 감각적 욕망에 사로잡히지 않고 오직 도덕 법칙에 따라 살아가기를 다짐하는 이 숭고한 마음, 또 그것을 속에 간직한 인간은 정녕 신적인 존재란 말인가?'

칸트의 생각은 아마 이런 것이 아니었을까요?

어떻든 칸트의 생애는 전형적인 독일 학자의 생활, 즉 꼼꼼하고 규칙적인 데다 조금은 이상하고 기묘했던 것처럼 보입니다. 그러나 이 겉으로 드러나지 않은 작은 인물이, 철학사도 인정하는 가장 위대한 업적을 이룩해놓을 줄 누가 알았겠습니까? 그의 사상이 발표된 뒤로는, 어느 누구도 과거와 똑같은 의미의 철학을 할 수 없게 되었는데요. 그의 사상은 서양 철학사 전체를 통하여, 커다란 전환점을 이루고 있기 때문입니다.

★ 생각이 자라는 질문 ★

01. 칸트의 생애가 우리에게 주는 교훈은 무엇일까요?

02. 인간이 동물과 구별되는 점은 무엇일까요?

03. 규칙적인 삶이 주는 이점과 육체적 건강을 지키기 위한 노력에 관해 생각해봅시다.

Part 2

칸트 철학의
역사적
배경

철학은 신학의 시녀

아무리 위대한 철학이라도, 아무리 천재적인 사상이라도 어느 날 갑자기 하늘에서 뚝 떨어지거나 땅에서 솟아오르지는 않습니다. 칸트가 위대했던 것은 사실이지만, 그의 사상 또한 어느 정도의 역사적 영향을 받고 있다는 것이지요.

모두 다 알고 있듯이, 유럽에서 중세 1천여 년을 지배한 것은 무엇보다 절대적 존재자로서의 하나님에 대한 믿음이었습니다. 기독교적 신앙이 사회 전체를 지배하는 상황에서, 철학마저 '**신학의 시녀**'로 전락하게 된 것 역시 우리가 잘 알고 있는 바이지요. 그러나 르네상스(문예부흥) 시대를 거치는 동안 모든 것이 변하기 시작했습니다. 그때까지 당연시되어왔던 신학적 지식이나 기독교적 신앙에 대해 의심이 생기기 시작한 것이지요. 이때부터 지식의 궁극적 원천을 인간 밖(신과 같은 초월적 존재)이 아니라, 인간 안에서 찾기 시작했습니다.

신학의 시녀(侍女) 중세 이탈리아의 신학자 다미아니가 사용한 용어. 그는 철학이 '여주인에게 봉사하는 시녀와 같이' 신학에 종속되어야 한다고 주장하였다.

새로운 경향

그렇다면 이렇듯 새로운 사상적 흐름이 생겨나게 된 배경은 무엇일까요? 거기에는 근세 초기 자연과학의 발달과 휴머니즘, 르네상스, 종교개혁처럼 굵직굵직한 사건들이 있었습니다. 그 결과, 철학에서도 매우 도전적이고 다소 무엄하기까지 한 사상이 등장하기도 했지요. 예를 들어 "목적 달성을 위해서는, 어떤 수단도 정당화될 수 있다"고 주장한 이탈리아의 마키아벨리와 "모든 인간은 본래부터 이기적이다"라고 말한 영국의 홉스가 대표적이라고 할 수 있습니다. 사실 이때까지 서양철학에서 이처럼 노골적인 주장이 등장한 적도 없거니와, 인간에 대해 이처럼 부정적으로 묘사한 경우도 드물었거든요.

중세에서 근세로 넘어가는 전환기에 또 다른 논란이 벌어졌는데요. 그것은 바로 합리론과 경험론의 대립이었습니다. 인간의 선천적인 인식능력을 강조하는 합리론과 후천적인 경험을 높이 사는 경험론이 서로 대립하게 된 것이지요.

우리가 사물을 알게 되는 힘은 과연 어디에서 나올까요? 태어날 때부터 인간만이 갖고 있는 어떤 능력이 따로 있을까요, 아니면 오직 후천적 경험에 의해서만 인식이 성립되는 걸까요? 바로 이 문제를 중점적으로 다룬 사람들이 나타났던 것인데요. 이들의 대립된 주장들을 조화롭게 종합하고자 한 사람이 바로 칸트였습니다.

1

중세에서 근세로

자연과학의 발달

이 시기는 세계 역사에 커다란 영향을 끼친 세 가지의 위대한 발명이 태어난 시기이기도 합니다.

첫째는 먼 거리까지 배의 항해를 가능하게 함으로써 발견시대의 서막을 연 나침반, 둘째는 기사 계급의 막강한 위치를 흔들어놓음으로써 사회 전체의 계급 이동을 몰고 온 화약, 끝으로 새로운 사상을 빠른 속도로 멀리까지 떨쳐나가게 한 인쇄술입니다. 특히 인쇄기술은 비싼 양피지(羊皮紙, 양의 생가죽을 씻어 납작하게 펴서 말린 다음, 글을 쓰는 데 사용하도록 만든 재료) 대신에 값싼 종이가 보급되는 시기와 때를 맞추어, 새로운 사상들을 멀리 전파하게 하였지요.

이뿐만이 아닙니다. 나침반 덕분에 콜럼버스는 신대륙(오늘날의 아메리카 대륙)을 발견할 수 있었고, 바스코 다가마는 인도까지 가는 항로를 개척하였으며, 마젤란의 선단은 처음으로 3대양(태평양, 대서양, 인도양)을 한 바퀴 도는 데 성공하였습니다. 그렇다면 이게 왜 중요할까요? 그동안 유럽 대륙만이 세계 전체라고 여겼던 서양 사람들의 시야를 지구 전체로 확장시켜주었기 때문이지요. 눈만큼이나 생각도 그만큼 커지고 넓어졌을 테고요.

이밖에 자연과학에 관한 새로운 지식들이 나타났는데, 그 대표적인 것이 코페르니쿠스(폴란드의 천문학자)의 지동설(地動說)입니다. 그동안 사람들은 지구를 움직이지 않는 우주의 중심으로 여겼거든요. 태양이나 달은 지구의 동쪽에서 떠 서쪽으로 지는 것으로 믿어 의심치 않았습니다. 그런데 이제 "지구 역시 태양의 주위를 돌고 있는, 많은 별들 가운데 하나에 불과하다"는 학설이 등장함으로써, 사람들은 큰 충격을 받았습니다. 특히 기독교 지도자들에게는 절망감을 안겨주기에 충분했지요. 왜냐하면 그들이 금과옥조로 여기는 성경은 분명 천동설에 입각하여 기록되어 있기 때문입니다. 교회 지도자들 입장에서는, 지동설에 의해 신자들의 믿음이 흔들리는 것을 무척이나 두려워했을 것입니다. 그러나 자연법칙이 사람들의 욕심에 따라 달라지는 경우는 없겠지요?

뒤이어 등장한 케플러(독일의 천문학자)는 이른바 '케플러 법칙'을 만들어냈는데요. 이를 통해 '이 우주 가운데 하나의 통일적 법칙이 있음'을 확신하였습니다. 이 이론대로라면, "하나님이 이 세계를 창조하고, 이끌어간다"고 하는 기독교 교리는 큰 타격을 받게 되는 셈이거든요. 왜냐하면, "하나님의 의지와 상관없이, 우주는 그 나름의 법칙을 따라갈 뿐이다"라는 학설이 성립되기 때문입니다.

"그래도 지구는 돈다"의 진실

과학의 발전은 여기에서 끝이 아니었습니다. 이탈리아의 물리학자이자 천문학자인 갈릴레이(1564년~1642년)가 17살 때 일입니다. 당시 피사(Pisa, 피사의 사탑으로 유명한 도시) 대학 학생이었던 갈릴레이는 피사의 대성당에서 예배를 드리던 중, 우연히 천장에 매달린 샹들리에가 바람에 흔들리는 모습을 보았습니다. 샹들리에는 바람에 따라 어느 때는 많이, 그리고 어느 때는 조금 흔들렸는데요. 많이 흔들리거나 조금 흔들리거나, 한 번 흔들리는 데 걸린 시간은 같아 보였습니다. 그는 자신의 맥박을 이용하여 샹들리에가 흔들리는 데 걸린 시간을 측정하였고, 곧이어 자신의 생각이 옳음을 확인하였습니다.

갈릴레이는 집으로 돌아와 줄의 길이가 같은 진자(振子, 고정된 한 축을 중심으로, 그 주위를 일정한 간격으로 흔들리는 물체) 두 개를 준비하고, 한 진자에는 질량이 큰 추를, 다른 진자에는 질량이 작은 추를 매달았습니다. 그러고는 진폭을 달리하며, 흔들어 보았는데요. 두 진자가 똑같은 주기로 진동하는 것이 아니겠습니까? 여기에서 갈릴레이는 "진자의 주기는 진자가 흔들리는 진폭과 관계없이 일정하다"는 사실을 알아내었지요. 우리는 이것을 등시성(等時性)이라 부릅니다. 훗날 진자의 등시성은 시계를 만드는 원리에 응용되었고요. 이와 같이 인류 역사에 위대한 업적을 남긴 사람들에게는 공통점이 있는 것 같습니다. 그것은 늘 마주치는 일상생활에서, 아무리 작은 일일지라도 소홀히 보아 넘기지 않는다는 사실입니다. 사과가 땅에 떨어지는 장면을 보고 만유인력의 법칙을 발견해냈던 뉴턴처럼 말이지요.

갈릴레이는 네덜란드에서 망원경이 발명되었다는 소식을 듣고, 손수 망원경을 만들어 천체를 살피는 데 사용하기도 했고요.

"우주는 수학 문자로 쓰인 책"이라는 유명한 말을 남기기도 했습니다. 그러던 어느 날, 그는 성경과 지동설이 서로 들어맞지 않다는 내용을 가까운 사람들에게 편지로 써 보냅니다. 이로 인하여, 로마의 종교 재판소에 의해 궐석재판(피고인이 법정에 출석하지 않은 상태에서, 진행되는 재판)을 받게 되지요. 그리고 "앞으로 지동설에 대해 절대 말하지 말라!"는 경고를 받습니다(제1차 재판).

그러나 지동설에 대한 갈릴레이의 믿음은 흔들리지 않았습니다. 이로 인하여, 이번에는 로마의 종교재판소로 직접 나올 것을 명령받는데요. 이곳에서 그는 자신의 행동에 '법을 어긴 사실'이 있었음을 스스로 인정하고 말지요.

그리고 "앞으로는 절대로 이단(정통 신앙에 어긋나는 사상이나 행동) 행위를 하지 않겠다!"고 서약까지 합니다(제2차 재판). 그러나 갈릴레이는 그 후로, 어느 정도 자유가 보장된 네덜란드에서 책을 냅니다. 이어 속편 집필에 들어가는데요. 안타깝게도 완성을 보지 못한 채, 세상을 떠나고 맙니다.

그와 관련하여 유명해진 말이 있지요. 종교재판소 정문을 나서면서 했다고 하는, "그래도 지구는 돈다!"고 하는, 바로 그 부분 말입니다. 그러나 이 내용은 다소 과장되었거나 누군가 지어낸 이야기일 수 있습니다. 마찬가지로, 그가 피사의 사탑(이탈리아 피사 대성당 옆에 기울어진 채 서 있는, 8층으로 된 원통형 종탑)에서 새털과 쇠공을 동시에 떨어뜨리는 자유낙하 실험을 통하여, "물체의 낙하운동은 무게에 비례하지 않는다"는 사실을 증명했다는 스토리도 정확하지 않습니다.

왜냐하면 실제로 이 실험은 1586년 네덜란드의 수학자이자 물리학자인 시몬 스테빈이 한 것으로 되어 있기 때문이지요. 그럼에도 불구하고, 갈릴레이가 물체의 낙하실험을 했다는 것은 사실인 것 같습니다. 다만 피사의 사탑에서가 아니라, 집에서 경사로를 만들어 놓고 그 위에 무게가 서로 다른 공들을 굴림으로써 했을 뿐이지요. 수없이 공을 굴려본 결과, 무거운 공이든 가벼운 공이든 같은 속도로 굴러 떨어진다는 것을 확인했던 것입니다. 어떻든 르네상스 시대의 과학자들이 밝혀낸 새로운 이론이 철학자들에게 큰 자극제가 된 것은 분명했습니다.

2

인간다움의 발견, 휴머니즘

《칸초니에레》와《데카메론》

서양의 근세철학에 두 번째로 영향을 미친 사건은 바로 휴머니즘
의 등장입니다. 인본주의(人本主義), 인문주의(人文主義) 등으로 번역
되는 휴머니즘(Humanism)은 '인간다움'을 존중하는 태도를 가리키
거든요. 그동안 중세 시대에는 하나님이 주인공이고, 사람은 그의
피조물 혹은 부속물에 지나지 않았습니다. 기독교에서는 태어나기
전부터 인간은 이미 죄인이라 가르칩니다. 최초의 인간 아담이 하나
님의 명령을 어기고 선악과를 따먹는 죄를 지었기 때문이지요. 따라
서 사람들은 교회 안에서, 하나님 혹은 사제(목회자) 앞에서 감히 고
개조차 들 수 없는, 더럽고 추악한 존재에 불과했습니다.

2장_칸트 철학의 역사적 배경

그러나 시대가 바뀌었습니다. 기독교에 의해 짓눌려졌던 '인간적인 것'들이 봇물처럼 터져 나오기 시작했습니다. 물론 기독교 교리 자체가 변한 것은 아닙니다. 그 대신 다음의 '종교개혁' 장에서 보듯, 성경을 해석하는 관점이 달라졌지요. 그리고 이 모든 일은 문학 분야에서부터 출발했습니다.

페트라르카(이탈리아의 시인이자 인문주의자)는 아비뇽의 교황청에서 성직자로 근무하던 중, 라우라(남프랑스 출신의 금발 미인)를 사모하여 사랑의 서정시를 쓰기 시작했습니다. 프랑스의 도시 아비뇽은 1309년부터 1377년까지 7대에 걸쳐, 로마에서 피신해온 교황이 머문 곳이기도 한데요. 평생 동안 라우라의 모습을 노래한 페트라르카는 자기 자신의 감정이 솔직하게 스며 있는 시집《칸초니에레》를 완성했습니다. 모두 366편으로 되어 있는 이 시집의 대부분은 라우라에 대한 사랑의 시가 차지하고 있었다고 합니다. 그런 때문인지, 페트라르카는 필요 이상의 애착을 가지고 죽기 직전까지 몇 번이나 고치기를 거듭하였다고 하는데요. 오늘날 이 시집은 단테의《신곡》과 더불어, 당대 최고의 작품으로 평가받고 있습니다. 또한 페트라르카는 영국 왕실이 최고의 시인에게 내리는 명예직, 즉 계관시인의 자리에까지 오르게 되었고요.

또 하나의 인물 보카치오(페트라르카의 제자이자 이탈리아의 소설가)는 단테의《신곡(神曲)》과 비교하여 인곡(人曲)이라고도 일컬어지는 단편 소설집《데카메론》을 지었습니다. 그 때문에, 그는 근대소설의 선구자로 칭송되고 있는데요.

이 《데카메론》은 난을 피하여 피렌체 교외의 한 별장에 모인 숙녀 7명, 신사 3명이 10일간 머물며 나눈 대화를 기록하고 있습니다. 그들은 오후의 가장 더운 시간에, 나무그늘에 앉아 한 사람이 한 가지씩, 하루에 열 가지의 이야기를 하고 헤어지는데요. 헤어지기 전에 좌장(座長, 자리를 주재하는 어른)을 임명하여, 다음 날의 주제를 정하고요. 그리고 저녁 식사 후에는 노래를 부른 다음 잠자리에 듭니다. 이 작품의 주제는 두 개로 요약되는데, 그것은 사랑과 지혜입니다. 또한 인간의 이중성이 묘사되고 있는데요. 억누를 수 없는 욕망과 위장된 욕구, 무뢰한의 용의주도한 교활함과 기사(騎士)의 고상한 재치가 함께 다루어지고 있습니다.

진짜 바보는 누구일까?

위의 두 사람, 페트라르카와 보카치오는 신학적 영향을 벗어나 순수하게 인간적인 것을 추구하고자 하였습니다. 이러한 인본주의는 문학 외에 사상적 영역으로도 확산되어 갔는데요. 이때의 가장 유명한 사상가로서는 에라스무스(네덜란드의 인문주의자)와 후텐(독일의 인문주의자이자 풍자시인)을 들 수 있습니다. 에라스무스의 작품으로는 당시의 세상을 풍자한 《우신예찬》이 유명한데요. 무엇보다 우신(愚神), 즉 어리석은 신이라는 제목이 재미있지 않나요? 제목이 암시하는 것처럼, 이 책에서 그는 철학자와 신학자들의 쓸데없는 논쟁,

성직자들의 위선, 교회의 부패를 날카롭게 꼬집고 있습니다. 이에 대해 좀 더 알아보도록 하지요.

1509년 여름, 에라스무스는 이탈리아에서 영국으로 여행하던 중, 나이가 동갑인 사람 가운데 매우 현명하고 기지에 찬 친구 토머스 모어를 떠올렸습니다. 그리고 그의 라틴식 이름 모루스를 생각하다가 모리아, 즉 어리석고 유치한 여신을 연상해냈지요. 그런 다음 그녀의 입을 빌려, 당시의 어리석은 세상을 풍자하려고 맘먹었고요. 모어의 집에 도착하자마자, 그는 단숨에 이 책을 써내려갔습니다.

이 책에는 모리아의 연설 내용이 나오는데요. 그 요점은 "사람의 세상에는 어리석음이 가득하지만, 도리어 이 어리석음에 의해 행복해진다"는 것입니다. 나아가 "어리석음은 생명의 근원으로서, 청춘과 쾌락을 약속한다. 하지만, 학식은 늙음과 약함의 상징이다. 학자와 현인이 책 이외의 인생에서 무능한 데 반하여, 어리석은 자는 현실 경험을 통하여 오히려 진정한 사려분별을 터득하게 된다. 황금시대의 소박한 사람들과 같이, 학문이나 예술도 없고 자연에만 이끌려 사는 인간이 가장 행복하다. 그러므로 진짜 바보가 누구냐 하면, 왕후나 귀족, 부자, 학자, 성직자 등 스스로 현명하다고 착각에 빠진 사람들이다"라고 조롱하고 있습니다.

모리아, 아니 에라스무스는 이처럼 "인생이란 어리석은 신의 장난에 지나지 않는다"고 생각합니다. 그런데 기독교는 이 신과 혈연관계에 있다는 것이지요. 그리스도는 십자가의 어리석은 행동을 통하여, 인류의 죄를 대속하려 하고요. 그렇기 때문에, 그의 경건한 신도들이 찾아가는 행복이란 일종의 착란 광기에 불과하다고 말합니다. 바로 이러한 내용으로 인하여, 이 책은 훗날 가톨릭교회의 금지 도서 목록에 오르고 말았지요.

그러나 교회가 좋아하건 싫어하건, 인간성을 회복해야 한다고 하는 것은 당시의 시대적 흐름이었습니다. 독일의 인문주의자 후텐 역시 종교개혁자 루터와 같은 입장에서, 당시 교회와 로마 교황, 성직자의 타락을 격렬하게 공격하였습니다. 이와 때를 맞추어, 동방의 그리스 신학자들이 고전을 연구하기 위하여 이탈리아로 모여들었는데요. 이로 인하여 피렌체(로마의 북서쪽에 자리하며, 메디치 가문이 유명함)에는 플라톤 아카데미아(인간 본위의 사상이 주를 이룸)가 세워지기까지 하였습니다. 이에 따라, 스콜라학파(중세의 기독신학)에게 큰 영향을 끼쳤던 아리스토텔레스 철학은 점점 설 땅을 잃어갔습니다.

3

고대 정신의 부흥, 르네상스

《햄릿》과 《돈키호테》

서양의 근세철학에 영향을 미친 세 번째 계기는 바로 르네상스입니다. 인본주의가 속으로 파고드는 내용이라면, 르네상스는 밖으로 넓혀나가는 운동에 해당하거든요. 르네상스란 말을 문자 그대로 해석하면, '고전적 인간형을 다시 불러들임으로써, 인류의 부흥을 꾀함' 정도가 되지 않을까 싶습니다. 르네상스(Renaissance)의 첫 두 글자인 '레(Re)'란 레크리에이션(다시 회복하다. 여가 선용)에서처럼, '다시'를 의미하는 접두사거든요. 그러므로 르네상스란 문학과 예술, 의학과 기술, 법률, 상업제도 또는 조형예술 등 모든 영역에서, 고대의 그리스·로마 문화를 다시 일으켜 새 문화를 창출해내려는 운동을 의미하게 됩니다.

먼저 문학 분야를 살펴보면, 여기에서는 앞에서 말한 페트라르카와 보카치오 외에, 《신곡》을 쓴 단테와 4대 비극(《햄릿》《오셀로》《리어왕》《맥베스》)으로 유명한 영국의 셰익스피어, 그리고 풍자소설 《돈키호테》를 쓴 스페인의 세르반테스가 있습니다.

우리가 어떤 사람의 성품을 말할 때, '햄릿형'과 '돈키호테형'이라는 용어를 쓰는 경우가 많습니다. 햄릿형은 사색적이고 우유부단한 성격을, 돈키호테형은 현실을 무시하고 저돌적으로 달려드는 공상가 스타일을 의미한다고 합니다. 과연 그러한가를 확인하기 위해서는, 소설 속에 등장하는 두 사람을 살펴볼 필요가 있지 않을까 싶습니다.

덴마크의 왕자 햄릿은 갑자기 아버지가 죽고 어머니가 숙부(작은아버지)와 결혼하자, 크게 마음이 상합니다. 그러던 어느 날, 부왕(父王, 왕이었던 아버지)의 영혼이 나타나 자신이 동생에 의해 독살되었다는 것을 알리고, 복수를 명하지요. 햄릿은 망령의 존재를 의심하면서도, 혹시나 하여 왕이 된 숙부의 본마음을 떠보려 합니다. 이를 위해 국왕을 살해하는 내용의 연극을 상연하도록 하는데, 이를 본 왕(숙부)의 얼굴색이 변하여 자리에서 일어서는 거 아니겠어요? 사건의 진상을 알아차린 햄릿은 복수심에 불탄 나머지, 사랑하는 연인 오필리어의 아버지 폴로니어스를 숙부로 잘못 알아 살해하고 맙니다. 이 엄청난 충격을 이기지 못한 오필리어는 스스로 목숨을 끊고요. 얼마 후 프랑스에서 돌아온 레어티즈(오필리어의 오빠)는 아버지와 여동생의 복수를 위해, 햄릿을 죽이러 작정하지요. 그리고는 왕과 왕비 앞에서, 펜싱 시합을 벌이는데요. 마침내 레어티즈의 독을 바른 칼에 햄릿은 치명상을 입고 맙니다. 하지만 그 와중에도 햄릿은 왕을 찔러 죽이지요. 이때 어머니이자 왕비인 거트루드는 햄릿을 독살하기 위해 왕이 미리 준비한 독주(毒酒)를 마시고요. 햄릿 역시 레어티즈의 칼에 묻은 독에 의해 목숨을 거둡니다. 이 비극의 주인공 햄릿이 남긴 유명한 대사가 있지요? 바로 "사느냐 죽느냐, 그것이 문제로다"인데요. 이 대사는 그의 우유부단한 성격을 말할 때, 곧잘 인용되곤 합니다.

햄릿이란 인물을 통하여 우리가 황량하고 음산한 영국의 기후풍토를 떠올린다면, 돈키호테는 투우와 정열의 나라 스페인을 연상시킵니다. 유럽의 서남부, 스페인의 시골 마을에 사는 늙은 귀족 돈키호테는 스스로의 상상 속에서 기사가 됩니다. 그리고 마침내 녹슨 갑옷을 입고, 볼품없는 말 로시난테를 타고 길을 떠나지요. 그는 이웃에 사는 농부의 딸을, 자신이 목숨을 바쳐 지켜야 하는 공주로 착각합니다. 또 길을 가다 들른 여관을 성(城)으로, 여관주인을 성주(城主)로 상상하지요. 그리고 그의 난동을 견디다 못한 여관주인이 그를 정식 기사로 임명해주자, 매우 기뻐합니다.

고향에 돌아온 돈키호테는 어수룩한 농부인 산초 판사를 꾀어내하인으로 삼고, 다시 길을 떠납니다. 풍차를 거인(巨人)이 둔갑한 것으로 잘못 알아 맞서 싸우려다 크게 다치는가 하면, 수도사들에 대해 공주를 납치해가는 마법사라고 오해하여 싸움을 벌이기도 하고요. 다시 고향에 돌아온 돈키호테는 한 달이 채 안 되어, 또 길을 떠나는데요. 이번에는 물레방아를 성으로 착각하고, 심지어 사자와 싸우기도 합니다. 어떻든 돈키호테는 죽기 전에야 정신을 차리고요. 비석에 자신의 이름을 적지 말라는 유언을 남깁니다.

세르반테스는 이 작품을 쓸 때, "당시에 풍미했던, 기사도 이야기의 권위와 인기를 무너뜨리기 위해서"라는 목표를 갖고 있었답니다. 하지만 감흥이 솟는 대로 써나가는 동안, 인생 전체를 포괄하는 걸작을 만들어내고 말았던 것이지요. 돈키호테와 판초 두 사람은 가는 곳마다 현실과 충돌하여, 우스꽝스럽고도 비통하게 패배를 맛봅니다. 그럼에도, 불굴의 용기와 고귀한 뜻을 조금도 꺾지 않고 있습니다. 이런 면에서, 이 이야기는 결코 단순한 익살이나 풍자소설이 아니라고 볼 수 있겠지요? 오늘날 '인류의 책'이라 불리기도 하는 《돈키호테》는 진정으로 '인간'을 그린 최초, 최고의 소설이라는 격찬을 받고 있습니다.

미켈란젤로와 다빈치

'인간적인 것'에 몰두했던 고대 그리스·로마의 정신은 미술 분야에서도 빠지지 않고 등장합니다. 이탈리아의 보티첼리, 라파엘, 미켈란젤로, 레오나르도 다빈치 등이 그 대표적 인물이지요. 여기

2장_칸트 철학의 역사적 배경

서 미켈란젤로와 레오나르도 다빈치, 두 사람에 대해서만 살펴보도록 할까요?

어려서부터 그림에 뛰어났던 미켈란젤로는 양친의 반대를 무릅쓰고, 13세 때에 기를란다요에게 입문하였다고 합니다. 자라는 동안 고전문학이나 신구약 성경을 열심히 읽었으며, 조각을 위해 인체 해부에도 몰두하였습니다. 어느 성당의 벽화 앞에서 한 사람과 논쟁하다가, 코뼈가 부러지기도 했는데요. 그 후로 이탈리아에 프랑스군이 침입하자, 그는 황급히 피난을 떠났습니다.

로마로 나온 미켈란젤로는 25세 때인 1499년, 프랑스 추기경의 의뢰를 받아 성 베드로 성당의 '**피에타**'를 완성합니다. 그 후 피렌체 시청의 벽화를 의뢰받아, 건너편 벽면에 그림을 그리게 되어 있던 레오나르도 다 빈치와 경쟁을 하기도 하는데요. 우여곡절 끝에 다시 로마로 돌아간 미켈란젤로는 브라만테(이탈리아의 건축가, 성 베드로 성당의 건축을 주도함)가 성 베드로 성당의 개축(改築, 건물을 새로 짓거나 고치는 일)에 착수한 이래 교황 율리우스 2세의 태도가 냉담해지자, 화가 나 피렌체로 돌아와 버리고 맙니다.

1506년 말 율리우스 2세에게 다시 불려간 미켈란젤로는 1508년, 시스티나 성당의 천장화를 위촉받습니다. 처음에는 경험이 없다는

피에타(Pieta) 대리석 높이 175cm. 로마 베드로 성당 입구에 있음. 피에타란 이탈리아어로 '자비를 베푸소서'라는 뜻으로, 성모 마리아가 죽은 그리스도를 안고 있는 모습을 표현한 그림이나 조각상을 말한다.

평계로 사퇴를 하였으나, 허용되지 않아 할 수 없이 일을 시작하였는데요. 그러나 시간이 가도 작업은 진척되지 않는데, 보수도 받지 못한 상태가 이어집니다. 더욱이 형제들로부터 돈을 강요당하고, 교황과도 충돌하는 악조건을 만나게 되는데요. 그럼에도 미켈란젤로는 초인적인 인내심을 발휘하여, 1512년 마침내 대작을 완성해내고야 맙니다. 그것이 바로 〈천지 창조〉라는 작품이지요. 1534년에는 새 교황 바오로 3세로부터 "시스티나 성당의 안쪽 벽을 그려 달라"는 의뢰를 받는데요. 다음 해부터 착수하여 6년 후인 1541년, 〈최후의 심판〉을 완성합니다.

미켈란젤로는 당시 권세가 등등했던 **메디치 가문**이나 교황으로부터 끝없는 봉사를 요구당하면서도, 언제나 자유와 정의 편에서 싸우는데요. 이때의 괴로운 심경은 뒤에 남겨진 편지와 시에 잘 나타나 있습니다. 그의 예술은 모두 이와 같은 인생의 고뇌 및 사회의 부정과 대결한 상태에서 이루어진, 미적 형상화라 해야 할 것입니다.

이제는 르네상스기의 3대 천재 화가 가운데 다른 한 사람, 여러 방면에 걸쳐 비범한 재능을 발휘했던 인물 레오나르도 다빈치의 차례입니다. 우리에게 〈최후의 만찬〉, 〈모나리자〉 등의 그림으로 잘 알려진 다빈치는 예술과 과학을 아우르는 뛰어난 재능의 소유자였

메디치 가문 15~16세기 이탈리아 피렌체 공화국에서, 가장 유력하고 영향력이 높았던 시민 가문. 공화국의 실제적인 통치자. 학문과 예술을 후원하여, 르네상스 시대가 피렌체에서 열리는 데 결정적인 역할을 했다.

는데요. 하지만 그는 유명한 가문의 공증인과 시골 처녀 사이에서 태어난 사생아였다고 합니다. 그의 어머니는 다빈치가 어릴 때, 다른 남자와 결혼해버렸고요.

피렌체와 밀라노 도시를 돌아다니는 동안, 다빈치는 그림과 조각, 축성 설계 및 건축과 기술에 이르기까지 다방면에서 자신의 경력을 쌓아나갔습니다. 오늘날 헬리콥터와 비슷한 유명한 스케치를 그리기도 하고요. 분수대의 설계에서부터 연주단원들이 보이게끔 디자인한 인공적인 산까지 그의 재능은 다양했습니다. 그는 엔지니어와 지도 제작자로 일하기도 하고, 새의 날아가는 습관을 연구하는가 하면 수력(水力) 장치를 고안하고 그림을 과학적으로 분석하기도 했지요. 해부학에 대한 지식을 얻기 위해, 인간의 몸을 실제로 파헤치기까지 했다고 합니다. 다빈치는 바이올린 종류의 악기를 잘 다루었고, 오페라 무대에 사용할 음악적 장치를 고안해낼 정도로 음악적 재능 역시 풍부했습니다. 그런데 다빈치가 이렇듯 여러 방면에서 놀라운 성과를 올렸던 이유 가운데 하나는 격조 있으면서도 예의바른, 그의 태도 덕분이었다고 합니다. 이로 인해 주위 사람들로부터 호감을 샀고, 그에 따라 많은 도움을 받을 수 있었던 것이지요. 그와 관련하여, 독자 여러분이 꼭 기억해야 할 다빈치의 충고가 있습니다.

"아는 것만으로는 충분치 않다. 활용할 수 있어야 한다. 하려는 마음만으론 충분치 않다. 해야만 한다!"

사회의 부정과 정면으로 대결한 미켈란젤로, 그리고 자유로운 영혼으로 과학에 바탕을 둔 열정적인 탐구 정신을 발휘한 다빈치야말로 르네상스가 만들어낸, 근세정신의 표상이 아닐까요?

브루노와 몽테뉴

이에 질세라 위대한 철학자들이 등장하는데요. 그들의 철학 역시 그 시대와 뗄 수 없는 관계를 맺고 있습니다. 예컨대 프란시스 베이컨은 셰익스피어의 연극이 공연되던 곳과 같은 왕궁에서 근무하였고, 브루노(이탈리아 출신의 철학자)의 감동적인 일생 역시 그 시대의 엄청난 혁명의 열기 속에서만 이해될 수 있을 것입니다. "신이란 초월적 위치에서 세계를 지배하고 있는 것이 아니라, 바로 세계 속에서 활력적인 원리로 작용한다"고 주장한 브루노의 범신론적(汎神論的)사상은 유일신을 믿는 가톨릭교회와 마찰을 빛을 수밖에 없었습니다.

브루노는 자신의 철학을 끝까지 포기하지 않아 7년 동안 감옥생활을 했고요. 나중에는 광장에서 화형(火刑)까지 당합니다. 장작더미가 쌓인 그 위에 온몸이 꽁꽁 묶여 불에 타면서도, 그의 입에서는 한 마디의 신음이나 호소도 들려오지 않았습니다. 누군가가 십자가를 건네주었을 때, 그는 비웃는 표정으로 뿌리쳐버렸습니다. 이와 같이 생애의 최후를 마친 사람 브루노, 교회의 입장과 반대되는 사상을 가졌다는 한 가지 이유만으로 무참하게 희생되어야 했던 그의 비극적 삶은 당시 대부분의 진보적인 사상가들이 받아들여야 할 숙명이기도 했습니다.

프랑스의 르네상스 시대를 대표하는 인물은 철학자이자 문학자인 몽테뉴입니다. 그는 이 시대의 정신을, 수필문학이라는 새로운 형식을 통하여 작품 속에 담았는데요. 이 작품들을 통하여 본 몽테뉴는 모든 편견과 거리가 먼 비판적이고도 회의적인 지식인이며, 또한 철두철미한 세속 정신의 소유자이기도 했습니다. 아버지의 뒤를 이어 몽테뉴 성의 영주가 된 그는 법관생활을 하다가, 프랑스 왕 앙리 4세의 시종이 되었고요.

그 후, 보르도(파리 남서쪽에 자리한 강변 도시, 보르도 와인이 세계적으로 유명함) 시장 자리에서 물러나 몽테뉴 성으로 돌아온 그는 마침내《수상록》(3권)을 출간합니다. 이 책은 프랑스에 모럴리스트(보편적 인간성에 대한 성찰을 시도한 프랑스 작가들)의 전통을 세웠을 뿐만 아니라, 유럽 여러 나라의 문학에도 커다란 영향을 끼쳤습니다. 모든 편견을 떠나 사물을 있는 그대로 바라보고자 하였던 몽테뉴는 세계와 인간에 대한 새로운 성찰을 시도하였습니다. 교회의 속박을 벗어나 세속적인 정신을 유감없이 발휘하였던 것이지요. 그리고 그 사상의 중심에는 항상 '인간'이 있었습니다.

4

성경으로 돌아가라, 종교개혁

혜성처럼 등장한 루터

무엇보다 근세철학에 가장 영향을 많이 미친 사건은 바로 종교개혁입니다. 중세 1천여 년 동안 기독교가 서양사회를 지배하면서, 많은 문제점들이 드러났지요. 우리가 자주 듣는 말 중에 "절대 권력은 절대 부패한다"가 있지요? 이 말처럼, 돈과 권력이 교회로 모이다 보니 교회 역시 썩기 시작한 겁니다.

교회가 썩는다는 표현이 무엇을 의미할까요? 예를 들어 볼까요? 첫째는 성경 말씀을 묵상하고 기도에 전념해야 할 성직자들이 돈과 권력에 탐욕을 부리고, 육체적 쾌락 등에 사로잡혔다는 뜻이지요. 둘째는 교회의 운영이 하나님의 계명과 합리적 절차에 따르지 않고, 일부 성직자들의 독단적 판단에 따랐다는 뜻이고요. 셋째는 진정과 신령으로 드려져야 할 예배가 형식적인 겉치레와 위선, 가식으로 얼룩졌다는 뜻이 되겠고요. 마지막으로는 사랑과 겸손으로 신자들을 섬기고 인류의 평화를 위해 노력해야 할 로마의 교황청이 세속적인 정치에 간섭하면서, 막강한 권력을 휘두르기 시작했다는 뜻이 아닐까 싶습니다.

나라가 발전하고 사회가 번영하기 위해서는, 그 어느 곳보다 먼저 교회가 변화되어야 한다는 데는 모든 사람들이 공감하고 있었습니다. 그러나 자칫 목숨을 잃을 수도 있는 그 일에 감히 누가 나서겠습니까? 과연 누가 고양이 목에 방울을 달 수 있을까요?

이때 밤하늘의 혜성처럼 등장한 인물이 바로 독일의 사제 마르틴 루터(1483년~1546년)였습니다. 그가 태어날 무렵, 그의 집안은 너무도 형편이 어려웠다고 합니다. 아버지는 가난한 농부였고, 어머니는 매일 산에 가서 땔감을 해와야만 했다지요. 물론 루터가 태어난 이듬해부터 살림이 펴기 시작했지만요.

그런데 루터가 대학을 졸업하고 집으로 돌아오는 길에, 갑자기 벼락이 떨어졌습니다. 너무나 놀란 그는 "살려만 주십시오. 그러면 저는 수도사가 되겠습니다!"하고 외쳤답니다. 이 서약 때문에, 결국 루터는 수도사가 되기로 결심합니다. 우여곡절 끝에 성직자가 된 루터는 설레는 가슴을 안고, 로마로 향했습니다. 그러나 그곳은 신앙의 성지라기보다는, 차라리 악의 소굴에 가까웠지요. 도둑과 창녀,

걸인, 술집 등이 거리에 넘쳐흘렀고, 사람들은 오직 돈이 전부인 것처럼 행동하였습니다.

또한 독일 교회에서는 교회건축의 빚을 해결하기 위해, 면죄부(免罪符)를 팔았는데요. 면죄부란 돈이나 재물을 바친 사람에게 그 죄를 속죄해준다는 뜻으로 발행하던, 일종의 증명서입니다. 이 면죄부를 파는 동안, 이런 내용의 설교도 있었다고 하지요.

"누구든지 회개하고 기부금을 내면, 죄를 용서받게 됩니다. 돈이 이 상자 속에 짤랑 하고 들어가면, 영혼은 지옥의 불길 속에서 튀어나오게 된단 말입니다."

지금 들어도 말도 안 되는 소리이지요. 도저히 안 되겠다고 판단한 루터는 마침내 1517년 10월 31일, **비텐베르크**성 교회 정문에 면죄부 판매의 부당성을 알리는 95개조의 반박문을 내걸었습니다. 그런데 사실 이것은 오늘날 대학의 캠퍼스에도 흔히 나붙는 대자보 수준이었다고도 합니다. 그나마 처음에는 교회의 주목을 끌지도 못하였고요. 하지만 이 글이 인쇄되어 전국에 뿌려지는 순간, 상황은

비텐베르크 독일 작센안할트 주에 있는 작은 공업도시로, 베를린과 가까움. 종교개혁의 발상지로서 루터의 십자 묘지, 95개조의 반박문을 써 붙인 성 교회, 루터가 설교하였던 교회, 루터가 살았던 수도원 등이 남아 있으며, 이 유적지들은 유네스코 지정 세계문화유산으로 등록되어 있다.

2장_칸트 철학의 역사적 배경

완전히 바뀌었습니다. 많은 독일인들이 열렬한 호응을 보내기 시작한 거지요.

여기에서 루터는 "말씀(성경)으로 돌아가라!"고 외칩니다. 인간은 성경에 기록되어 있는 하나님의 말씀을 믿음으로써만 구제받을 수 있다는 것이지요. 물론 이에 대한 반대 진영의 공격 또한 엄청난 것이었습니다. 가톨릭교회는 루터에게 파문(破門)을 선고하였고, 독일 황제는 추방명령을 내렸습니다. 그렇다고 이에 굽힐 루터가 아니지요. 그는 성경의 권위를 선언하고 또한 그것을 독일어로 번역해나가면서, 투쟁의 고삐를 늦추지 않았습니다. 마침내 성경 번역은 열 달 만에 완성되었고, 4년 후에는 프로테스탄티즘(구 기독교인 가톨릭교와 대칭되는 개신교 사상)이 공인되기에 이르렀던 것이지요.

루터는 교회의 독선에 반대하고, 성도들 누구나 사제(신부 또는 목사)일 수 있음을 주장하였습니다. 목사뿐만이 아니라 일반 신자들도 하나님을 만날 수 있다는 것으로서, 이는 종교 분야에서 일어난 또 하나의 인간해방이 아닐 수 없었습니다.

츠빙글리와 칼뱅

일이 이렇게 되자, 루터의 투쟁에 보조를 맞추는 사람들이 나타났습니다. 츠빙글리(스위스의 종교개혁자, 신학자)는 성경을 새롭게 해석함으로써 유명해지기 시작했는데요. 그는 단식계율(斷食戒律, 가톨릭교회에서는 부활절을 앞둔 40일 동안 단식하도록 함)을 어긴 채, 친구들과 만찬에 참석하기도 하고, 아내를 가진 10명의 사제들과 함께 결혼을 허락해달라는 청혼서를 가톨릭교회의 주교(교구를 관리하는 성직자)에 게 제출하기도 합니다. 이때 그 역시, 세 자녀를 둔 과부와 동거생활을 하고 있었다고 하지요? 츠빙글리는 십자가와 제단(미사나 예배를 드리는 단), 오르간을 없애자는 제안도 내놓았고요. 마침내 교황청의 면죄부 판매를 공격함으로써 종교개혁의 실마리를 제공합니다. 물론 그 때문에 그 역시 로마교황으로부터 파문을 받고 말지만요.

그 후 츠빙글리는 신학이론에 대한 의견이 루터와 대립된 때문에, 정치적으로 고립되기 시작합니다. 그러다가 결국 종군목자(從軍牧者)로 전쟁에 참여하였다가 전사하고 마는데요. 이로써 스위스의 종교개혁 운동은 칼뱅에게로 넘어가게 됩니다.

본래 프랑스 태생인 칼뱅(캘빈, 1509년~1564년)은 개신교 복음주의 운동을 펴다가, 스위스로 망명했던 신학자입니다. 그는 에라스무스와 루터를 인용하여 강연의 원고를 썼다는 혐의를 받고, 숨어 지내는데요. 이 동안 로마 가톨릭 교회와 결별을 선언합니다. 이른바 '돌연한 회심'에 의해, 개신교(프로테스탄트)주의적 입장을 분명하게 밝힌 것이지요.

그렇다면 과연 그가 말하는 '돌연한 회심'이란 어떤 사건을 가리키는 것일까요? 1533년 무렵 칼뱅이 24세쯤 되었을 때 일입니다. 이때의 경험을, 칼뱅은 그의 시편 주석에서 다음과 같이 기록하고 있습니다.

2장_칸트 철학의 역사적 배경

"내가 어렸을 때, 나의 아버지는 나로 하여금 법률 공부를 하게 하였다. 나는 아버지의 뜻에 순종하여, 법률 공부를 했다. 그러나 하나님께서는 나의 가는 길을 바꾸어 놓으셨다. 하나님께서는 '돌연한 회심'을 하게 함으로써, 내 생각을 완전히 고쳐버리셨다. ……이후 채 1년이 지나지 않아, 내게 깜짝 놀랄 일이 일어났다. 그것은 참된 교리를 추구하기를 원하는 사람들이 계속 내게로 와서, 나에게 배운다는 사실이었다. 그때 나는 초신자(初信者, 처음 신앙생활을 시작한 사람)에 불과했고 부끄러움도 잘 탔기 때문에, 조용히 혼자 지내며 명상하는 것을 좋아했다. ……그러나 나의 숨는 곳은 대중이 모이는 곳이 되었다."

전통적인 기독교, 즉 구교(舊敎)인 가톨릭에서 신교(新敎) 프로테스탄티즘으로 신앙의 말(?)을 바꿔 탄 칼뱅은 이때부터 프랑스 왕의 박해로 신변의 위험을 느끼기 시작합니다. 그는 스위스 제2의 도시 바젤로 도망을 하는데요. 이때 파렐(스위스의 종교개혁가)에게서 제네바(스위스 제3의 도시)의 종교개혁을 위해, 함께 일해 줄 것을 요청받습니다.

파렐은 칼뱅이 머물고 있던 여관을 찾아와, 함께 일하자고 제안합니다. 하지만 칼뱅은 "나는 나이도 어리고, 소화불량이 심하며, 이미 종교개혁에 실패를 맛보았습니다"라고 사양하지요. 이에 파렐은 "전능하신 하나님의 이름으로 내가 명하노니, 너는 너의 학문으로 평계대고 있는 것이다. 네가 만일 우리와 같이 하나님의 일 하기를 끝까지 거절한다면, 하나님이 너를 저주하실 것이다"라고 선언합니다. 결국 파렐의 지독한 설득으로, 칼뱅은 제네바의 성경해석자 겸 설교자로 일하게 되는데요. 이와 함께 제네바의 종교개혁을 이끌어 가게 되는 것입니다. 그 후 제네바는 종교개혁파의 중심지가 되어, 유럽 전체에 영향을 끼치게 되지요. 츠빙글리에 의해 촉발된 스위스의 종교개혁이 칼뱅에 의해 완성되었다고 해야 할까요?

츠빙글리와 칼뱅의 투쟁에 의해 성립된 **프로테스탄티즘**은 교회의 독선과 전횡을 타파하는 데 결정적인 공헌을 하였습니다. 또한 교육기관을 교회로부터 빼앗아 사회로 돌려준 일 역시 의미가 컸다고 봐야 하고요. 칼뱅은 무엇보다 "인간의 영혼 구원은 하나님에 의해 이미 결정되어 있다"고 하는 '예정설'로 유명합니다. 그는 교회의 의식을 간소화하고 장로(長老, 평신도 최고의 직급) 제도를 도입하여 신자들이 자율적으로 교회를 운영하도록 하였습니다. 또한 현실 세계와의 자유로운 접촉을 인정하고, 인간관계의 소중함을 강조하였지요.

프로테스탄티즘 protest, 즉 '항의하다, 이의를 제기하다'에서 유래한 말로, 구교인 가톨릭교회와 구별된다는 의미에서 개신교(改新教) 혹은 신교(新教)라고 부름. 오늘날 우리나라에 있는 대부분의 교회는 이 범주에 속한다.

5

도발적인 사상, 새로운 철학

　서양 근세철학이 나오게 된 배경에는 자연과학의 발달, 휴머니즘, 르네상스, 종교개혁이라고 하는 세계사적 사건들이 있었습니다. 하지만 본격적인 철학에 앞서, 이 시대만이 잉태할 수 있는 도발적이고 도전적인 사상들이 나오게 되었는데요. 대표적으로 마키아벨리와 홉스를 들 수 있겠습니다.

　다만 이 두 사람의 철학이 법과 국가이론에 치우친 데에는 당시의 시대적 환경 때문이었던 것으로 보입니다. 중세의 농업은 초기 자본주의의 등장과 교통 경제에 의하여 서서히 그 막이 내려가고, 새롭게 등장한 유산계급(부르주아지), 즉 지식과 돈을 가진 중산층이 중심세력으로 등장하였습니다. 이에 따라, 자연히 나라의 경제규모도 커지고요. 커진 그 경제권을 다스리는 데는 강력한 국가의 권력이 필요했고요. 바로 이 때문에, 왕의 권한 또한 점점 커지기 시작했던 것입니다. 뿐만 아니라, 이 시대에 점점 일어나기 시작한 서로 다른 민족의식은 '기독교적 세계 제국'이라는 유럽국들의 공통된 이념마저 사라지게 했는데요. 이러한 변화는 지금까지 없었던 새로운 법 이론과 국가이론을 필요로 하게 되었던 것입니다.

인간은 악하다, 마키아벨리

마키아벨리(1469년~1527년)는 르네상스기에 이탈리아 플로렌스에서 태어난 정치학자이자 역사가입니다.《군주론》의 저자로 잘 알려진 그는 "모든 정치 행위가 목표로 하는 것은 오직 국가의 자기 보존과 권력 장악"이라고 힘주어 말했습니다. 그런데 우리가 그의 이름에서 따온 '마키아벨리즘'이라는 말을 매우 좋지 않게 받아들이는 까닭은 무엇일까요? 그것은 그가 "목적의 달성에 도움이 된다면, 어떠한 수단도 정당화될 수 있다"고 주장하고 있기 때문입니다. 세상에! 이 말이 무슨 뜻입니까? 누구든지 자기 자신의 목적을 위해서라면, 수단방법 가리지 않아도 된다는 것 아닙니까? 돈을 벌기 위해 친구를 속여도 되고, 선거에 이기기 위해 상대방을 모략하고 유권자를 선동해도 좋다는 뜻 아니냐고요?

그래도 학자이고 사상가인 그가 왜 이런 저급한 주장을 하였을까요? 이토록 과격한 주장이 나오게 된 철학적 배경은 과연 무엇일까

2장_칸트 철학의 역사적 배경

요? 먼저, 마키아벨리는 "모든 인간은 악하다"고 진단합니다.

그에 따르면 첫째, 인간은 은혜를 모르는 존재입니다.

둘째, 인간은 지배자로부터 이익을 얻을 수 있는 한 충성을 다하지만, 자신에게 위험이 닥칠 때는 재빨리 물러서서 반기(反旗)를 듭니다.

셋째, 인간은 기회만 주어지면, 언제든지 보복하려고 달려듭니다.

그렇다면, 이와 같은 인간을 지배하기 위해서는 어떻게 해야 할까요? 여기에는 반드시 힘이 필요합니다. 말은 필요 없습니다. 마지막 승리를 보장해주는 것은 오직 속임수와 간사한 계략, 배신, 거짓 맹세, 폭력 등 비리에 가득한 최후수단일 뿐이지요.

마키아벨리에 의하면, 이러한 사정은 국제사회에 있어서도 마찬가지입니다. 최후의 승리는 도덕이나 정당성이 아니라, 군사력과 정략적 수단에 의하여 결정되는 것이거든요. 평화가 유지되는 것은 팽팽한 힘으로 서로 마주하고 있을 때뿐입니다. 국가 사이에 힘의 균형이 무너졌을 때는 언제든지 약소국에 대한 강대국의 침략이 있어왔고, 그것은 오늘날에도 마찬가지입니다. 마키아벨리의 날카로운 통찰은 군주(통치자)에 대한 충고에서도 드러납니다.

"군주 된 자가 나라를 지키려면 때로는 배신도 해야 하고, 때로는 잔인해져야 한다. ……가급적이면 착해져라. 하지만 필요할 때는, 주저 없이 사악(邪惡)해져라. 군주에게 가장 중요한 일이 무엇인가? 나라를 지키고 번영시키는 일이다. 일단 그렇게만 되면 무슨 짓을 했건 칭송 받게 되며, 위대한 군주로 추앙 받게 될 것이다."

물론 진정한 애국심에 입각한 임기응변이나 지혜는 필요하고, 또 그만큼 귀한 것이겠지요. 그럼에도 불구하고, 어떻든 무섭고도 잔인한 철학임에는 틀림없는 것 같네요. 그렇다면, 왜 이처럼 도발적이고도 섬뜩하기까지 한 사상이 나오게 되었을까요?

마키아벨리는 가능한 한, 자기의 고향(피렌체)을 중심으로 조국(이탈리아)이 통일되고 위대한 국력을 되찾을 수 있기를 열망하였습니다. 하지만 현실은 그와 정반대였지요. 안으로는 이탈리아가 여러 갈래로 쪼개지고, 밖으로는 유럽의 강대국들이 이탈리아를 나누어 가지려고 서로 다투는 상황이었거든요. 풍전등화(風前燈火)의 위기에 놓인 조국의 운명 앞에서 그는 분노하고 절망했습니다. 그리하여 마침내 철학자로서 조국에 할 수 있는 최대의 봉사를 궁리해냈고, 그것이 바로 냉혹한 현실에 바탕을 둔 철학의 창출이었던 것입니다.

이렇듯 마키아벨리는 마치 자연과학자가 모든 선입견과 편견을 뿌리치고 존재하는 그대로의 자연현상을 관찰하듯이, 모든 도덕적 선입견을 물리치고 유럽 여러 나라의 정치형태를 관찰하기 시작했습니다. 특히 통치자의 처세술에 대하여, 귀납적(특수한 여러 사실들로부터 일반적 결론을 이끌어내는 방법) 원칙을 끄집어내고자 하였던 것이지요.

모든 사람에 대한 모든 사람의 투쟁, 홉스

토마스 홉스(1588년~1679년)는 영국의 철학자이자 정치학자입니다. 그의 아버지는 찢어지게 가난한, 이름 없는 목사였습니다. 성격이 좀 이상했는지 토요일 밤늦게까지 트럼프놀이를 한 다음 날, 설교단 위에서 졸다가 엉뚱한 고함을 지르는 바람에 신자들을 놀라게 한 일도 있었습니다. 마침내 그는 다른 목사와 싸운 끝에 부인과 2남 1녀의 자식을 남겨둔 채, 쫓겨나지 않으면 안 되었습니다. 그러나 이 가난과 역경 속에서도, 홉스는 유달리 뛰어난 재동(才童)으로 자라났습니다. 네 살 때에 벌써 글을 읽고 쓸 줄 알았으며, 여섯 살에 희랍어와 라틴어를 익혔고 열다섯 살에는 영국의 명문인 옥스퍼드 대학교에 입학하였습니다.

홉스 역시 마키아벨리와 마찬가지로 매우 비정하고 도발적인 주장을 내놓고 있는데요. 그에 따르면, 인간이란 본래 이기적 동물입니다. 인간은 먹고 살기 위한 최소한의 방편으로 만족하지 않고, '가능한 한 많은' 물질을 갖고자 골똘히 궁리한다는 것이지요. 그러므로 모든 사람이 이러한 본능에 따라 행동한다면, 결국 '만인(모든 사람)의 만인(모든 사람)에 대한 투쟁'이 지배할 뿐이겠지요?

이러한 상태에서는 오직 힘센 자만이 살아남게 마련입니다. 약육강식(弱肉强食)이나 정글법칙에서처럼, 약한 사람은 죽을 수밖에 없다는 뜻이지요. 이처럼 비참한 상태를 극복하기 위해, 인간은 법을 만들었습니다. 서로의 안전을 보장하기 위해서지요. 나아가 그 법을 충실히 집행하기 위해서는 각 개개인의 힘을 훨씬 뛰어넘는, 강력한 힘이 나와야 합니다.

예를 들어, 어떤 힘센 사람 하나가 나와 법을 무시하고 제멋대로 행동하면, 곤란하지 않겠어요? 이로부터 매우 힘이 센 국가권력이 등장해야 한다는 논리가 나오는 겁니다. 국가는 법에 따라 경찰과 검찰, 법원, 교도소를 만들고, 법을 어기는 자들을 처벌하는데요. 그래야만, 모두가 안전하게 살아갈 수 있기 때문이지요.

마키아벨리와 홉스의 사상은 고대와 중세에 나타났던 철학과는 매우 다릅니다. 인간은 이성적 존재가 아니라 이기적 동물이며, 인간은 하나님의 피조물이기 이전에 악한 존재라는 것이거든요. 어떻든 이러한 철학이 나오게 된 현상을 두고, 사람들은 새로운 시대가 다가오고 있음을 느끼게 되었습니다. 다시 말해 고요하고 잔잔한 중세시대가 끝나고 새로운 사상이 소용돌이치는 시대, 즉 근세가 열리고 있음을 감지하였던 것이지요.

2장_칸트 철학의 역사적 배경

6

대륙의 합리론

인간의 선천적인 인식 능력

중세에서 근세로 변화하는 길목에, 르네상스가 자리해 있었습니다. 그리고 이때에 유럽 이외의 대륙들이 발견되고 인본주의가 등장하는가 하면, 자연과학이 발달하고 기독교가 새로운 모습으로 바뀌었습니다. 이 가운데 자연과학의 발달, 특히 갈릴레이를 거쳐 뉴턴에 이르는 과정은 당시로서는 상상을 초월한, 그야말로 놀라운 사건이 아닐 수 없었습니다. 왜 그랬을까요?

성경에서 말하는 하나님의 전지전능하신 섭리 대신, 인간의 관찰과 탐구에 바탕을 둔 해석들이 등장했기 때문이지요. 이제는 "무작정 믿어라!"라는 교회의 명령이 통하지 않게 되었습니다. 사람들이

"알고 나서 믿어야겠다!"고 달려들었기 때문이지요. 이에 따라 철학도 달라져야 했습니다. 이제 철학은 기독교적 신학을 뒷받침하는 것이 아니라, 모든 지식을 인간 자신의 이성적인 능력에서 찾아야 한다고 주장하게 되었지요.

그 출발점은 프랑스 출신의 데카르트였습니다. "나는 생각한다. 고로 존재한다"는 그의 명제는 인간의 이성에 대한 믿음을 최고조로 높였습니다. 이성을 잘 사용하기만 하면, 세계에 대한 진리를 얻을 수 있다는 믿음이 생겨나게 했지요. 그리고 이러한 믿음은 스피노자와 라이프니츠를 거쳐 오는 동안, 더욱 확장되고 발전하였고요.

그러나 이와 반대되는 목소리가 영국 쪽에서 들려오기 시작했습니다. "이성은 과연 절대로 틀리지 않는 것인가?"라고 묻는 경험론이 등장한 것입니다. 인간에게 선천적인 인식능력이 있다고 믿는 대신, 후천적인 경험을 앞세우는 이 경험론의 대표자는 로크와 버클리, 흄입니다.

합리론에 대한 칸트의 입장

그렇다면, 우리의 주인공 칸트는 어느 쪽에 섰을까요? 매우 규칙적이고 절제된 그의 삶에서 예상할 수 있듯이, 처음에는 대륙의 합리론 쪽에 서려고 했던 것 같습니다. 그런 그의 뒤통수를 한 방 때린 철학자가 있으니, 그가 바로 스코틀랜드 출신의 흄이었습니다. 흄의 경험론적 철학을 만나면서 '독단의 잠'에서 깨어났다고, 칸트 스스로 고백하고 있거든요. 여기에서 '독단(獨斷)'이란 자기가 주관적으로 옳다고 생각하는 것을, 무조건 진리로 판단해버리는 일을 의미하는데요. 신이나 영혼의 존재 등을 무비판적으로 받아들이는, 합리론의 입장을 가리키는 것이지요.

그렇다고 칸트가 이성에 대한 믿음을 완전히 접은 것은 아니었던 것 같습니다. 그는 경험주의자들의 주장에 일리가 있다 여기면서도, 이성에 대한 믿음을 버리지 않았고요. 그 이성에 바탕을 둔 과학이 객관적으로 타당하다는 사실 또한 의심하지 않았습니다. 문제는 과학을 포함한 모든 학문이 왜 타당한가를 밝히는 일이었는데요. 잠시 질문 하나 해보겠습니다. 여러분은 왜 우리가 과학을, 혹은 철학적인 지식을 진리로 받아들여야 한다고 생각하나요?

칸트가 고민한 것은 바로 이 지점, 즉 '권리의 문제'였습니다. 다시 말해 "이러이러한 지식이 반드시 옳다"고 하는 합리주의의 독단을 방지하면서, 동시에 경험주의와 **회의주의**로부터 학문의 객관적 타당성을 지켜내는 일이었다는 것이지요. 그리고 그 결과물이 바로 그 유명한《순수 이성 비판》이라는 책이었고요.

이 대목에서, 합리론과 경험론에 대해 잠깐 설명하고 넘어가도록

회의주의(懷疑主義) "이 지식도 옳지 않고, 저 지식도 좀 이상하다"는 식으로, 무작정 의심하고 보는 입장.

하지요. 합리론이란 우리가 어떤 사물을 인식할 때 선천적으로 타고 난 인식능력, 즉 이성에 따른다는 쪽입니다. 반면에, 경험론이란 우리가 세상에 태어나 후천적으로 쌓는 경험에 의해 인식이 성립된다는 입장이고요. 그렇다면, 과연 이 둘 가운데 어느 쪽이 옳을까요? 먼저 합리론부터 살펴보도록 하지요.

"나는 생각한다, 고로 존재한다." – 데카르트

프랑스 귀족 가문에서 태어난 데카르트(1596년~1650년)는 '근세철학의 아버지'라 불리는 철학자임과 동시에, 수학자로서 해석기하학을 창시하기도 했습니다. 그는 첫 번째 작품으로 《세계》라는 제목의 책을 내 놓았는데요. 이 책은 갈릴레이의 처형 소식이 전해진 후 불태워지고 말았어요. 책에서 지동설을 주장하고 있기 때문에, 저자 자신이 당시 교회와 마찰이 일어나지 않을까 두려워했기 때문이지요.

다음 저서인 《방법론 서설》 역시 자신의 이름을 숨긴 채 발표했고요. 그로부터 다시 4년 후에야 비로소 대표작인 《제1철학을 위한 명상》을 발표하기에 이르렀습니다. 그 후, 적어도 이 책만은 교회의 주장과 어긋나지 않는다고 믿어, 파리 대학에 기증했는데요. 하지만 얼마 가지 않아, 금지도서 목록에 오르고 말았답니다.

데카르트는 자신이 연구한 수학의 원리를 철학에도 적용해보고자 했습니다. 수학에서 가장 중요한 것이 무엇일까요? 그것은 출발점이 되는 명제지요. 이 명제가 참이어야, 그 다음부터의 명제들이 옳은 것, 즉 참으로 증명되는 거니까요. 마찬가지로 철학에서도 우리의 지식이 더 이상 의심할 수 없는 원리로부터 시작되어야 하는데요. 그렇다면, 무엇보다도 그 출발점이 확실한 기초 위에 서있는지를 따져보아야 하는 거거든요. 이에 생각이 미친 데카르트는 '과연 철저한 회의(의심)를 이겨낼 만한 제1명제가 무엇일까?' 하고 궁리하기 시작했습니다.

이를 알기 위하여, 우리는 모든 것을 의심해보아야 합니다. 학교에서 배운 지식이나 사람과의 만남을 통해 터득한 일 등등, 모든 것을요. '1+1=2'라고 하는, 가장 확실하다고 여겨지는 수학적 공식에 대해서도 일단 믿어서는 안 되는 것이지요. 왜냐하면, 1 더하기 1이 사실은 3인데, 우리를 나쁜 쪽으로만 이끌어가는 악마가 있어 모든 인간을 한꺼번에 속였다고 의심해볼 수도 있기 때문입니다. 지금 내 눈앞에 보이는 사물이나 만나고 있는 사람도 실제로 존재한다고, 확신할 수는 없습니다. 왜냐고요? 현재 내가 꿈을 꾸고 있든지, 우리 모두가 한꺼번에 꿈을 꾸고 있을지도 모르기 때문이지요. 일장춘몽(一場春夢)이라는 말에서 보듯, 꿈에서 깨어났을 때에야 모든 것이 꿈이었다고, 알아차릴 수도 있는 것 아니겠어요?

그러나 내가 더 이상 의심할 수 없을 뿐 아니라, 오히려 의심하면 할수록 더욱 확실한 것으로 떠오르는 한 가지가 있는데요. 그것은 내가 지금 이 순간에 의심하고 있다는 것, 다시 말하면 '생각하고 있다'는 사실입니다. 모든 것을 의심할 수 있지만, 내가 현재 의심(생각)하고 있다는 사실은 도저히 의심할 수 없는 거지요. 그렇다면, 생각하는 주체로서의 나 자신도 부정할 수 없게 됩니다. 왜냐하면, 사유의 주체 없이 사유작용이 저절로 일어날 수는 없기 때문이지요.

바로 여기로부터 "나는 생각한다. 고로 존재한다(cogito, ergo sum)"라는 유명한 명제가 나오게 됩니다. 내가 생각하고 있음이 확실하다면, 사유의 주체인 '나'가 있어야 하거든요. 데카르트는 이를 부정할 수 없는 하나의 출발점으로 삼았고요. 나아가 이 명제처럼 우리가 직접 인식할 수 있는 것이 있다면, 그것도 역시 확실한 것임에 틀림없다고 보았습니다. 이러한 관점에서, 신과 세계의 존재를 확실한 것으로 이끌어냈던 것이고요. 이처럼 '사유'로부터 '존재'를 도출해낸 데카르트야말로 합리론의 선두 주자이자 '근세철학의 아버지'로 불릴 만하지 않을까요?

감정이나 본능 대신 이성을 중시하다 - 스피노자

스피노자(1632년~1677년)는 네덜란드의 암스테르담에서 부유한 상인의 아들로 태어났습니다. 유대인의 후손인 스피노자는 어려서부터 이미 뛰어난 재능을 인정받았고, 아버지의 뜻에 따라 유대교 목사직을 꿈꾸며 성장해갔습니다. 그러나 스물네 살 때에 이단으로 고발당해 교단에서 추방되었습니다. 그 까닭은 평소에 그가 "신은 신체를 가지고 있을지도 모른다. 천사는 환상일지도 모른다. 영혼은 다만 생명일지도 모른다. 그리고 구약성경에는 영생(永生)에 대하여 아무 말도 없다"고 주장했기 때문입니다. 사실 이러한 주장은 유대교 또는 기독교의 교리와 정면으로 어긋나거든요. 온갖 저주를 다 받고 파문을 당한 그는 더 없는 고독에 시달려야 했습니다. 그러나 이것은 또 다른 면에서, 스피노자에게 모든 선입견으로부터 벗어난 정신적인 독자성을 지니게 해준 요인이기도 했지요.

스피노자에 따르면, 인간은 다만 이성적 존재에 그치는 것이 아니라 본능과 충동, 감정 등에 의해 좌우되는 존재이기도 합니다. 그렇다면 이성과 감정은 서로 어떠한 관계에 있을까요? 이성이란 서로 충돌하는 여러 가지 본능들을 조절하는 역할을 맡습니다. 다시 말해 여러 가지 본능이 각각의 열정에만 몰두하다 보면, 전체로서의 인간에게 이롭지 못한 결과를 가져오기 쉽지 않겠어요? 그러기 때문에 전체를 살펴서 올바른 행동을 하도록 하는 것이 필요할 텐데, 바로 이것이 이성에게 주어진 과제라는 것이지요. 이처럼 스피노자는 감정이나 본능을 불신하는 반면에, 이성에 대해서는 무한한 신뢰를 보내고 있는데요. 여기에서 우리는 그의 합리주의적 경향을 엿볼 수 있는 것입니다.

공동체로부터 파문을 당한 스피노자는 평생 고독하고도 외로운 삶을 살았습니다. 그는 철학교수로 초빙을 받기도 했지만, 단호히 거절했습니다. 왜 그랬을까요? 첫째는 철학을 연구하는 데 방해를 받기 싫어서였고, 둘째는 이미 젊은 시절에 안경렌즈를 손질하는 기술을 배워놓아 생계를 유지하는 데 문제가 없었기 때문입니다. 하지만 그는 이 기술로 인해 수명이 짧아지는 결과를 받아들여야 했는데요. 먼지투성이의 작업 환경 때문에 폐병에 걸리고 만 것입니다.

44년이라는 길지 않은 생애 동안 많은 시간을 렌즈 닦기에 보내야 했으면서도, 스피노자는 심오하고 논리 정연한 사상적 업적을 남겼습니다. 흔히들 "내일 지구의 종말이 올지언정, 나는 사과나무 한 그루를 심겠다"고 한 스피노자의 말을 떠올리면서, 그가 매우 낙천적인 기질을 가졌을 것으로 예상합니다. 하지만 기구한 스스로의 운명 탓인지, 그의 철학에는 숙명적 체념과 같은 것이 많이 담겨있습니다.

예정조화론 – 라이프니츠

30년 전쟁의 상처로 인해 독일이 경제적, 정신적으로 어려움에 놓여있을 때, 혜성처럼 나타난 사람이 있는데요. 그는 바로 계몽주의 철학의 시조임과 동시에, 정치 및 외교 방면에서도 크게 활약하였던 라이프니츠(1646년~1716년)입니다. 열일곱 살에 대학을 졸업한 그는 스물한 살 때 대학교수직 제의를 받습니다. 그러나 그 역시 스피노자처럼, 무척이나 매력적인 그 자리를 물리치고 말지요. 속박을 원치 않았던 그는 평생 대학에는 근무하지 않았습니다. 평생을 독신으로 보냈고 항상 똑같은 음식점에서, 똑같은 음식을 시켜먹었으며, 다리에 신경이상이 생길 만큼, 오랫동안 의자에 앉아 연구에 몰두하였답니다.

그는 '단자론'을 주장한 것으로 유명합니다. 단자(單子)가 무엇일까요? 단자 하면, 무엇이 생각나세요? 언뜻 원자나 분자가 떠오르지 않나요? 원자나 분자처럼, 단자 역시 어떤 사물을 구성하는 작은 입자가 아닐까 하는 것이지요. 실제로 단자란 이 세상의 모든 존재를 이루는, 독립적이고도 개체적인 요소입니다. 일정한 모양도 없고 더 이상 나눌 수도 없는, 단순한 실체를 의미하는 것이지요. 이에 대해, 라이프니츠는 이렇게 설명합니다.

첫째, 단자는 점(點)으로 나타납니다. 이것은 때마침 발명된 현미경으로부터 커다란 영향을 받은 생각이라고 짐작됩니다. 둘째, 단자는 힘인 동시에 힘의 중심체이기도 합니다. 셋째, 단자는 정신입니다. 가장 밑바닥에 있는 단자는 마치 몽상처럼 어지러운 상태에 있고, 인간의 정신과 같은 단자는 의식을 소유하고 있고요. 가장 높은 층의 단자인 신(神)은 무한한 의식, 즉 전지전능한 힘을 가지고 있다는 것입니다. 넷째, 단자는 개체(個體)이기도 합니다. 단자 모두는 각각 자기 나름의 방법으로 전체 우주를 반영하고 있기 때문에, 그것은 거울과 같고요. 또한 모든 단자는 밖에서 완전히 닫혀있기 때문에, 창(窓)이 없는 개체라고도 말할 수 있답니다.

그런데 외부의 세계와 어떠한 소통도 할 수 없는 단자들이 어떻게 하여, 세계의 전체적 조화를 이루어낼 수 있을까요? 라이프니츠는 여기에서 그 유명한 '시계의 비유'를 들고 있습니다. 두 시계가 똑같이 바늘을 움직여가는 것은 그것들이 미리 정교하게 맞추어져 있기 때문이라는 것이지요. 이것이 이른바 '예정조화론'입니다. 시계와 마찬가지로, 이 세계에는 신에 의해 미리 전체적인 조화가 정해져 있고요. 그 때문에 결국에는 모든 단자가 똑같이 그 방향으로 갈 수 밖에 없다고 하는 것이지요. 신(하나님)은 단자들이 각각의 법칙을 지켜나가도록 하되, 결국 그렇게 함으로써 전체적으로는 완전한 일치에 도달하도록 미리 설계해 놓았다는 것입니다.

인간의 경우에도 영혼은 사유의 원리에 따라가고, 육체는 자연법칙에 따라 움직입니다. 그럼에도, 결국 한 사람 가운데서 두 가지가 서로 조화를 이룬다는 것이지요. 결국 인간에게서나, 우주 전체에 있어서나 신적인 존재가 작용하고 있으며, 더욱이 그가 매우 합리적인 방법으로 모든 것을 다스려나간다는 것입니다. 이 사상이야말로 이 시대 유럽 대륙의 철학자들이 가졌던, 공통된 세계관이기도 했습니다.

7

영국의 경험론

앞에서 잠깐 살펴본 것처럼, 경험론 철학자들은 "인간이 세상에 태어나 후천적으로 쌓는 경험에 의해, 인식이 성립된다"는 주장을 하고 있습니다. 이들은 막 태어났을 때 우리 인간의 의식 상태를, 아무런 글도 쓰여있지 않은 흰 종이, 즉 백지(白紙)로 봅니다. 인간이 직접 경험한 것 이외의 것은 받아들이지 않는다는 뜻이지요. 뜬구름 잡기식의 탁상공론을 물리치고, 모든 학문의 기초를 경험에 두려고 하는 것입니다. 앞서 등장한 합리론이 유럽 대륙의 철학자들에 의해 발전했다면, 경험론은 영국의 로크와 버클리 그리고 흄이라는 세 명의 철학자로 대표됩니다.

우리의 의식은 본래 백지 상태 - 로크

시골변호사의 아들로 태어난 로크(1632년~1704년)는 보통 '영국 경험론의 창시자'로 불립니다. 그는 철학과 수학 그리고 자연과학 등을 폭넓게 연구했으며, 특히 의학을 공부하여 의사자격증까지 땄습니다. 후원자인 섀프츠베리 백작(정치가)의 권유로 한때 정치에 참여하기도 하였고요. 〈권리장전〉(영국 명예혁명의 결과로 얻어진 인권선언)을 작성하는 데도 가담하였다고 하는데요.

그의 정치사상은 프랑스의 몽테스키외가 발전시켜 훗날 미국의 헌법에까지 반영되었고요. 또 그의 자유주의적 교육사상은 루소에 의해 유럽 대륙으로 전파되어, 마침내 모든 계몽주의자들의 찬사를 받을 수 있었습니다.

우리가 "안다, 모른다"라고 말할 때, 그 '안다'는 것이 과연 무엇을 의미하는가 하는 것이지요. 이에 대해 로크는 먼저 "본유관념(本有觀念), 다시 말해 인간이 태어나면서부터 선천적으로 가지고 있는 관념이란 결코 존재하지 않는다"고 말하고 있습니다.

왜 그럴까요? 로크는 무슨 근거로 이런 말을 하고 있는 걸까요? 모든 사람이 태어날 때부터 가지고 나온 관념이 있다고 가정하면, 아직 경험이 없는 어린아이나 교육을 받지 않은 야만족에서도 그런 관념이 발견되어야 맞거든요. 그러나 그들의 정신 상태에서는 '태어날 때부터 타고난 것으로 여겨지는 보편타당한 관념'을 찾아볼 수 없다는 것이지요.

그렇다면, 우리가 지금 갖고 있는 모든 의식은 둘 중 하나라는 결론이 나옵니다. 밖으로부터 받아들여진 것, 즉 외적 경험이거나 아니면 그것을 받아들여 우리 안에서 버무려진 것, 즉 내적 경험이어야 한다는 말이지요. 그러나 내적 경험 역시 외적 경험에서 나올 수밖에 없으므로, 우리의 모든 인식은 결국 외적 경험에서 나온다고 볼 수밖에 없다는 것이지요.

이상의 내용을 정리하면, 다음과 같습니다.

원래 우리의 의식은 아무 글도 씌어 있지 않은 백지(tabula rasa)와 같았습니다. 이 깨끗한 종이에 글씨를 써나갈 때 문장이 이루어지는 것처럼, 무(無)의 상태인 의식에 후천적인 경험이 보태짐으로써 그 내용인 관념이 생겨나게 된다는 겁니다. 그리고 이러한 관념에는 밖으로부터의 인상(印象)을 단순히 베낀 단순관념(예를 들어, '사탕의 맛'이라든가 '장미의 향기' 같은 것)과 그 단순관념에 오성이 덧붙여져 만들어진 복합 관념('미, 예술, 납'과 같이, 두 개 이상의 단순관념이 여러 가지 방법으로 결합함으로써 성립)이 있는 것이고요.

그런데 로크는 우리 밖에 존재하는 물체에도, 두 가지 성질이 있다고 주장합니다. 첫 번째 제1성질은 그 사물의 연장(延長)이나 형상(모양), 견고성, 개수, 운동 및 정지 등인데요. 이것들은 주변의 환경이 어떠하냐에 상관없이, 사물 자체가 가지고 있는 고유한 성질을 가리키는 것이고요. 이에 대해, 제2성질이란 색이나 맛, 냄새, 온도 등과 같이 환경에 따라 달라지는 것을 지칭합니다. 그런데 로크는 이 둘 가운데 제1성질만 그 자체 존재하는 것으로, 인정하고 있습니다. 제2성질은 주관적인 것으로 간주하여, 그 실체성을 제거해 버린 것이지요.

존재란 지각된 것이다 – 버클리

아일랜드 남부지방에서 태어난 버클리(1685년~1753년) 역시 영국 경험론을 대표하는 철학자 가운데 한 사람인데요. 그는 시칠리아 섬의 토인들에게 문명과 기독교를 전파한 것으로 알려져 있습니다. 앞에서 로크는 물체의 제1성질을 인정하는 대신, 색이나 맛, 냄새, 온도 등과 같이 환경에 따라 달라지는 제2성질은 주관적인 것에 지나지 않는 것으로 간주했습니다.

이에 대하여 버클리는 이른바 제1성질 역시 주관적인 것에 불과하다고 주장하고 나섰지요. 그에 의하면, 하나의 감각기관이 작용하여 얻어진 색이나 맛은 물론이고, 둘 이상의 감각기관(눈과 손)을 통하여 이루어진 관념 역시 정신작용에 의해서 얻어진 관념일 뿐입니다. 다시 말해 물체의 제1성질이건 제2성질이건 모두 우리 인간의 정신작용에 의해 얻어진 관념일 뿐이라는 것이지요. 이 말의 뜻은, 우리 밖에 존재하는 것처럼 보이는 사물이 실은 우리 자신의 내부에서 만들어진 생각일 뿐이라는 겁니다.

그리하여 이 모든 것은 오직 지각작용을 일으키는 인간 자신의 정신 속에만 존재할 수 있고, 그 밖의 다른 방법으로서는 존재하

2장_칸트 철학의 역사적 배경

지 않는다는 말이 됩니다. 따라서 사물의 존재란 그것이 지각(知覺)된다는 것을 의미할 뿐이지요. 즉 "존재는 지각된 것에 불과하다"는 말이 되는 것입니다. 예를 들어, 공기 중에 떠다니는 작은 먼지나 그 속에 들어있는 세균, 박테리아는 우리가 그것을 의식하지 않았을 때, 적어도 우리에게는 존재하지 않는 것이 되고요. 대신 우리가 그것을 의식하면, 비로소 그때 존재로서 나타난다는 것이지요.

이 말은 좀 이상하게 들리지 않나요? 우리의 상식과 어긋나지 않는가요? 버클리의 주장에 대해, 이런 반론이 가능하겠지요. 만일 모든 것이 오직 우리 인간의 생각하는 정신을 통해서만 존재한다면, 실제로 눈에 바라보이는 태양과 꿈속에 나타난 태양, 머릿속으로 상상하는 태양 사이에 어떤 차이가 있을까요? 이에 대한 버클리의 대답은 다음과 같습니다.

"실제로 눈으로 바라보이는 태양은 '모든 사람'의 정신 속에 존재하고, 꿈속에서의 태양은 '어떤 한사람'의 정신 속에만 존재한다. 그리고 상상하는 태양은 오직 '정신' 속에서만, 그리고 그것을 생각하고 싶을 때에만 존재한다."

당구공의 움직임 – 흄

스코틀랜드 출신의 흄(1711년~1776년)은 로크와 버클리의 뒤를 이어, 영국 경험론을 거의 완성하는 단계로까지 나아갔습니다. 철학자이자 역사가이며 평론가이기도 했던 그는 애초에 대학교수가 되려고 했지요. 하지만 무신론자라는 이유로 임용이 거절되었습니다. 결국 에든버러 대학의 도서관 사서(司書) 자리를 얻게 되는데요. 이곳에서 일하는 동안 집필한《영국사》로 , 그는 명예와 부를 한꺼번에 거머쥡니다.

앞에서, 우리는 로크와 버클리에 의해 물체의 제1, 2성질이 부정되는 장면을 보았습니다. 일찍이 데카르트는 실체(實體)로서, 정신과 물체 두 가지를 들었는데요. 이에 대하여, 위 두 사람은 '물체'(제1성질, 제2성질 모두)의 실체성을 제거해버린 셈이지요. 그리고 남은 하나의 실체, 즉 정신마저 제거한 사람이 바로 흄입니다. 흄에 의하면, 우리 마음 가운데 여러 가지 움직임이 느껴진다 해도, 그것을 일어나게 하는 정신(영혼)이 실제로 우리 속에 존재한다고 말할 수는 없습니다. 이 주장 역시 이상하게 들리지요?

이해를 돕기 위해, 물체의 실체성이 없어진 과정을 다시 한 번 돌아보도록 하지요. 자, 우리 눈앞에 지금 분필 하나가 놓여 있습니다. 우리는 그 분필이 우리의 감각기관을 통하여 일으키는 하얀색, 부드러운 감촉을 분명히 알아차립니다. 그럼에도, 우리는 과연 그 분필이 '있다'라고 확실하게 말할 수는 없습니다. 왜냐고요? 그 분필이 일으키는 색낄 및 감촉과 그 분필의 존재 자체는 다르기 때문이지요. 다시 말해, 분필의 색깔이 우리 눈에 보이고 감촉이 우리 손에 느껴진다 해도, 과연 그 분필이 우리 눈앞에 존재한다고 장담할 수는 없다는 것입니다. 이것은 '확실하게 증명된 것'만을 인정하려는 경험주의자들의 기질이기도 한 거고요.

이상의 내용을 정신 쪽에 대입해보면, 다음과 같겠지요. 즉, 우리 정신이 일으키는 인식과 판단, 혹은 사랑과 미움 등이 있다고 합시다. 설령 그렇다 할지라도, 그것을 일으키는 '정신'이 정말 '존재한다'고 분명하게 말할 수는 없다는 것이지요. 왜냐하면 철저한 경험론의 입장에서는, '분명하게' 우리 눈앞에 드러나든지 손으로 만져지는 것만을 인정해야 하기 때문입니다.

보통 흄은 회의주의자로 불립니다. 회의주의(懷疑主義)가 뭘까요? 그것은 인간의 감각이나 인식은 주관적이고 상대적이므로, 보편타당한 절대적 진리에 도달할 수 없다고 보는 철학사상입니다. 그런 입장에서 흄은 실체에 있어서와 마찬가지로, 인과성에 대해서도 부정적인 입장을 취하고 있습니다.

예를 들어 내가 당구를 칠 때, A라는 공을 쳐서 B라는 공이 움직여졌다고 가정해봅시다. 이때 나는 정지되어 있는 B는 A의 충격을 받고서야 움직였다고 판단하는 것이고, 이러한 현상을 여러 차례 반복하여 관찰할 수 있습니다. 이때 나는 A가 B의 원인이고 B는 A의 결과라고 말하며, 서로의 인과성(因果性)을 인정하게 됩니다.

그러나 엄밀히 일어나는 현상 자체만을 두고 본다면, A가 움직이고 난 다음에 뒤이어 B가 움직였다는 사실만 관찰될 뿐, A가 B의 원인이라는 사실은 관찰되지 않습니다. 즉, 우리는 선후(先後) 관계를 나타내는 현상 자체의 계기(繼起, 계속하여 일어나는 현상) 작용만 살펴볼 수 있을 뿐, 필연적인 인과관계를 확인할 수는 없는 것이지요.

그런데 왜 우리는 마치 두 현상 사이에 필연적인 인과관계가 있는 것처럼 생각하게 되는 걸까요? 그것은 우리가 두 현상 사이에 일어나는 똑같은 상태를 언제나 시간적 또는 공간적 상관관계 속에서 동시에 관찰함으로써, 이 두 가지가 내적인 필연관계에 있다는 관념을 자기도 모르는 사이에 갖게 되는 데서 비롯됩니다. 하지만 이 내적 강박은 습관(custom)에 불과하며, 바로 이것이야말로 우리로 하여금 인과성에 대한 잘못된 관념을 지니게 만든 요인이라 할 수 있습니다.

그렇다면 이 세상에서 일어나는 모든 현상을 인과관계가 아닌, 우연히 일어나는 어떤 것으로 보아야 할까요? 물론 흄이 그처럼 어리석지는 않았겠지요. 흄이 인간의 건전한 상식에 반기를 들기 위해, 이런 주장을 한 것은 아니라는 뜻입니다. 그 역시 인과율이 실제적인 효용 면에 있어서, 그 의의를 인정받을 수는 있다고 보았습니다. 다만 흄이 노린 것은 독단론적 형이상학자들이었습니다. 다시 말해, 인간이 감히 알 수 없는 것마저 알려고 달려드는 거만한(?) 철학자들이 그의 진정한 타깃이었던 것입니다. 그리고 그러한 노림수는 어느 정도 성공을 거두었고요. 이 때문에, 칸트 역시 흄을 통해 비로소 '독단의 잠'에서 깨어날 수 있었다고, 고백하지 않았을까요?

칸트 철학의 시대적 환경

이번 장을 정리하며 칸트 철학의 형성에는 과연 어떠한 역사적 배경이 자리하고 있었는가를 알아보도록 하지요. 중세에서 근세에 로 넘어가는 과정에서, 크고 작은 세계사적 사건들이 있었고요. 철학적으로는 합리론과 경험론이라고 하는 큰 물줄기가 있었습니다. 결론부터 미리 말씀드린다면, 칸트 철학은 이 합리론과 경험론의 종합에 해당합니다.

칸트의 고민은 당시 도도하게 밀려드는 사상적 흐름, 예를 들어 경험론과 회의주의, 공리주의(최대다수의 최대행복을 최고의 가치로 여기는 학설), 유물론의 공격으로부터 어떻게 하면 전통적 가치들(진리, 윤리, 종교 등)을 지켜낼 수 있을까 하는 것이었습니다. 그리고 천신만고 끝에 신이나 영혼 불사(不死) 및 윤리적인 세계, 예지계 등을 지켜낼 수 있었고요. 그것도 경험론을 깡그리 부정하지 않은 상태에서 말입니다.

이제 본격적으로 칸트 철학에 들어갈 차례입니다. 다만 그에 앞서 칸트가 맞닥뜨렸던 당시 프러시아(오늘날의 독일)의 시대적 상황에 대해 잠깐만 살펴보도록 하지요. 칸트의 활동 전반기는 여러 모로 여건이 좋았던 것 같습니다. 프리드리히 빌헬름 1세와 프리드리히 2세가 등장하여 계몽주의를 지원했기 때문이지요. 그들은 강력한 왕권을 확립하여 군대를 증강하고, 국내 산업을 보호하는가 하면, 조세제도를 엄격히 시행하고 법제도를 정비하여 복지국가를 실현했습니다. 시민들에게 폭넓은 자유도 허락하였고요. 독립적인 재판을 허락하는 대신 고문을 철폐하고, 공정한 재판을 보장하기 위하여 심급제도(審級制度, 보통 3번 재판받을 수 있는 권리)를 마련하였습니다. 이로써 프로이센은 경찰국가에서 법치국가로 바뀌고, 당시의 유럽에서 가장 발전된 공동체가 되었지요.

그러나 이들의 후계자인 프리드리히 빌헬름 2세는 계몽주의적 관대성 대신, 종교 칙령을 통하여 종교 교육의 자유를 제한하였습니다. 이에 따라, 성직자들에게는 좁은 의미의 개신교만 신봉하도록 허락되었지요. 이 칙령이 선포되고 나서, 칸트는 저서《이성의 한계 안에서의 종교》로 인해 마찰을 빚게 되었습니다.

★ 생각이 자라는 질문 ★

01. 미켈란젤로와 다빈치가 어려운 조건을 극복하고 위대한 작품을 창조해 낼 수 있었던 이유는 무엇일까요?

02. 공부를 잘하는데 있어 선천적으로 타고난 능력이 중요할까요, 아니면 후 천적인 노력이 더 중요할까요? (합리론과 경험론의 관점으로 생각해봅시다)

03. 나라를 망하게 한 선량한 통치자와 나라를 지켜낸 악한 지도자 가운데, 어느 쪽이 더 나은 지도자의 모습일까요?

Part 3

명저
《순수이성비판》의
탄생

한 청년학도의 도전정신

이 장에서는 칸트의 저서를 소개합니다. 내용적으로는 그의 핵심적인 철학사상이 담겨 있는, 사실상 이 책의 몸통에 해당한다고 할수가 있지요. 그렇다면 과연 칸트 철학이 다른 철학과 구별되는 점은 무엇일까요? 다시 말해 칸트 철학이 갖는 독창적이고 고유한 성격을 우리는 무엇이라고 규정할 수 있을까요?

이를 알려면, 제일 먼저 그가 대학 졸업논문(물리학 및 자연과학에 관한 내용을 다루고 있는)으로 쓴 〈활력 측정고〉를 살펴볼 필요가 있습니다. 이 논문의 서문에서 그는 이렇게 말하고 있습니다.

"가장 중요한 것은 가축처럼 앞에 가는 무리에 맹종(盲從, 옳고 그름을 따지지 않고 무조건 남을 따라감)하여 가야만 할 곳으로 가는 것이 아니라, 가도록 강요하는 곳으로 따라가지 않는 것이다. ……오늘날에는 뉴턴이나 라이프니츠의 명성(名聲)일지라도, 만일 그것이 진리의 발견에 방해가 된다면 감히 대담하게 무시하여도 무방하다. 또 오성(悟性)이 다다르는 것 이외에는, 어떠한 설득에도 무조건적으로 따라서는 안 된다."

칸트가 여기에서 주장하는 바는 무엇일까요? 그것은 "아무리 유명한 사람의 말일지라도 무조건 무비판적으로 믿어버리면 안 되고, 어디까지나 우리 자신의 건전한 인식능력에 의해 분명하게 밝혀진 것만을 믿어야 한다"는 것이 되겠지요. 이 대목에서 우리는 대담한 한 청년학도의 열정과 도전정신을 짐작할 수 있겠는데요. 동시에 칸트 자신의 전매특허에 해당하는 '냉정한 비판 정신'의 씨앗도 발견할 수 있습니다.

비판의 시대

조금 전 칸트의 비판의식에 대하여 '전매특허'라는 표현을 썼습니다만, 사실 비판정신은 칸트뿐만 아니라 학문의 길을 걷는 사람이라면 누구에게나 요구되는 덕목입니다. 이름난 학자의 주장이나 세상에 널리 알려진 이론을 앵무새처럼 따라만 하면, 무슨 의미가 있겠습니까? 이래서는 학문이 발전할 수 없겠지요.

우리나라에서는 선생님이 질문을 던졌을 때, 먼저 손을 들어 대답하는 학생이 칭찬을 받지만, 독일에서는 정반대라고 합니다. 교사가 질문을 했을 때 학생이 바로 손을 들어 대답을 하면 도리어 야단을 맞는다고 하지요. 왜 그럴까요? "다른 친구들로부터는 생각할 시간을 빼앗고, 교사인 나로부터는 가르칠 권리를 빼앗아갔기" 때문이라는 겁니다. 그러므로 질문을 받았을 때, 학생들은 적어도 얼마 동안은 침묵을 유지하며 골똘히 생각하는 시간을 가져야 한답니다.

이처럼 독일 교육은 어려서부터 스스로 생각하고 스스로 판단할 능력을 키워주는 데 초점을 맞추고 있습니다. 때문에 가령 수학문제를 풀 때도 딸랑 정답만 제시해갖고는 좋은 점수를 받기 어렵다고 하거든요. 정답이 나오게 된 과정을 올바르게 설명해야 하는 겁니다. 과정이 틀리고 정답이 맞는 쪽보다, 정답이 틀리고 과정이 맞는 쪽을 더 높이 쳐주는 것이고요. 칸트 역시 기회 있을 때마다 학생들에게 스스로, 또한 독창적으로 생각할 것을 요구했습니다.

"현대는 참다운 의미에서 비판의 시대이다. 모든 것은 비판받지 않으면 안 된다. 그럼에도 종교는 그 신성성에 의해서, 입법은 그 존엄성에 의해서 흔히 이 비판을 벗어나려 한다. 그러나 그 경우에는, 종교나 입법이나 똑같이 스스로에 대한 의혹을 자연히 불러일으키는 것이 된다. 이에 따라, 순수하고 온전한 존경을 그 누구로부터도 요구할 수 없게 된다. 이성은 이성 자체의 공명정대한 음미(시험, 테스트)에 견딜 수 있는 것에만이, 순수하고 온전한 존경을 바쳐야 한다."

— 《순수 이성 비판》의 서문 중에서

바로 어떠한 권위에도 굽히지 않고 어떠한 선입견에도 사로잡히지 않은 채, 건전한 이성이 지시하는 바에 따라 앞만 보고 묵묵히 걸어가는 우리 주인공 칸트의 모습입니다.

1

비판 전기

'비판'의 의미

그렇다면, 과연 '비판'이 무슨 뜻일까요? 비판이 무엇을 의미할
까요? 보통 비판이라 하면 상대방의 약점이나 단점을 지적하고 밝
혀내는 것을 말합니다. 그러나 칸트가 말한 '비판'이란 결코 상대를
모두 부정한다거나 비난하는 것이 아닙니다.

그가 말한 비판이란 첫째, 제기되는 문제를 될 수 있는 대로 세밀
하게 분석하는 일을 가리킵니다.

둘째, 그 분석된 하나하나의 요소에 대하여 그것들이 어떤 범위
안에서 허용될 수 있는지를 따집니다.

셋째, 그것이 어떤 한계를 넘어섰을 때 왜 허용될 수 없는가를 밝

3장_명저 《순수 이성 비판》의 탄생

히는 것이 되는 거고요.

그렇다면, 칸트의 저서 가운데 '비판'이란 글자가 들어간 것은 무엇일까요? 여기에 그 유명한 3대 비판서가 포함되는데요.《순수 이성 비판》《실천 이성 비판》《판단력 비판》이 바로 그것입니다. 이렇게 본다면, 3대 비판서의 핵심은 '순수이성이나 실천이성, 혹은 판단력이 어느 선까지 활동하는 것을 허용할 것인지, 또 그것들이 어떤 선을 넘어설 때 허용할 수 없는 것인지'를 따지는 일이 되겠지요?

이번 장에서 다룰 '비판 전기'는 보통《순수 이성 비판》이 나오기 직전까지의 시기를 가리킵니다. 왜냐하면《순수 이성 비판》에서부터 비판의 시대가 열리기 때문이지요. 이 무렵 칸트가 발표한 논문의 주제는 대부분 자연과학이었습니다. 여기서 칸트는 불과 화산, 자연 지리학, 기류에 관한 이론, 리사본의 대지진 등에 관해 말하고 있는데요. 그 바탕에는 엄밀한 자연과학적 인식의 모범과 같은, 뉴턴 물리학이 깔려 있습니다. 일단 칸트의 저서 가운데 중요한 것만을 들어보겠습니다.

1755년《일반 자연사와 천체이론》: 뉴턴 원리에 입각한, 대우주의 구조와 그의 역학적 근원에 관한 시론
1756년《물리적 단자론》
1766년《어느 환상가의 꿈》: 형이상학의 꿈을 통하여 설명됨

1770년《감성계와 예지계의 형식과 원리에 관하여》

1781년《순수 이성 비판》

1783년《모든 미래의 형이상학을 위한 프롤레고메나》

1785년《도덕형이상학 원론》

1788년《실천 이성 비판》

1790년《판단력 비판》

1793년《이성의 한계 안에서의 종교》

1795년《영구평화론》

1797년《도덕형이상학 2부작》

1798년《학부의 논쟁》

칸트 – 라플라스 법칙

《일반 자연사와 천체이론》에서는 우주의 발생과 유성(遊星) 운동에 관한 이론을 다루고 있는데요. 칸트는 이곳에서 자연과학자 못지않은 실력을 발휘하고 있습니다. 이보다 수십 년 후 프랑스의 천문학자인 라플라스 역시 칸트와 아무 소통도 없이, 매우 비슷한 견해를 드러냈거든요. 이때부터 우주발생에 관한 '칸트-라플라스 이론'이라는 이름이 사용되기 시작했습니다.

그렇다면, 이 이론의 핵심 주장은 무엇일까요? 칸트-라플라스 이론은 성운설로도 불리는데요. 성운(星雲)이란 가스와 먼지 등으로 이루어진, 대규모의 성간 물질(별들 사이에 존재하는 물질)을 가리키거든요. 그런데 이 물질에서 태양과 별들이 발생했다는 주장입니다. 이 태양계 기원설은 맨 처음 칸트가 아이디어를 내고, 나중에 라플라스가 그것을 뒷받침하였는데요. 그 핵심은 "모든 태양계는 회전하고 있는 매우 희박한 하나의 가스 덩어리로부터, 점차적인 수축(줄어듦)에 의해 성립된 것이다"라는 것입니다.

그런데 칸트는 왜 이러한 생각을 하게 되었을까요? 그것은 태양계의 발전을 이렇게 설명하지 않으면, 뉴턴처럼 '신에 의한 최초의 충격'을 가정하지 않을 수 없기 때문이고요. 그리 되면 결국 모든 것을 신의 섭리로 돌려버리는 매우 비과학적인 결과만 얻게 되는 것이거든요. 이 때문에 성운설은 과학적 형태를 취한 최초의 태양계 기원설로 불리는 것이며, 결과적으로 태양계에 대한 설명에서 '신'을 추방하는 데 크게 기여한 셈이 되었지요. 물론 그 이론 자체는 몇 가지 결함을 갖고 있긴 하지만요. 어떻든 이곳에서 칸트가 밝혀내고자 한 것은 "우주의 조화를 설명하는 데 있어서, 결코 초자연적 힘을 가정할 필요가 없으며, 견인력(끌어당기는 힘)과 반발력(밀어내는 힘)만으로써 충분하다"는 것이었습니다.

진화론의 선구자

《물리적 단자론》에서 칸트는 라이프니츠의 단자(單子) 개념을 머릿속에 두고 있는데요. 여기서 그는 '스스로의 운동을 통하여, 대우주의 발생을 가능케 한 가장 작은 단위의 미립자'를 그 근본에서부터 밝혀내고자 하였습니다. 그는 공간 안에 가득한 힘을, 그 본질이라 규정하였습니다. 말하자면 물질의 본질을 힘으로 본 것이지요. 따라서 질료란 존재하지 않으며, 오직 에너지만이 존재하는 것이 됩니다. 칸트의 이 사상은 "물질이란 에너지의 한 특수한 표출 형식에 지나지 않는다"는 것을 이론적으로 제시함으로써, 현대물리학 분야에서 실로 놀랄만한 주목의 대상이 되었습니다.

《인종론》에서 칸트는 자연사(自然史)라는 개념을 내세우고 있는데요. 그동안 분류하는 데에만 지나치게 집중해온 자연적인 서술 방법과는 다르게, 인종을 바라보고자 한 것입니다. 결국 이것은 이 땅에 여러 종족들이 나타나게 된 배경을, 역사적으로 설명하려는 것이 되겠지요.

"우리는 자연의 역사에 의하여…… 여러 피조물이 자연의 진화에 따라 입을 수밖에 없는 변화와 그리고 원시 종속으로부터 뻗어 나오게 마련인 아종(亞種, 종의 바로 아래 단위)을 알게 될 것이다……."

여기서 주목을 끄는 것은 '진화'라는 단어가 아닐까 싶습니다. 왜냐하면 이 구절을 통하여 우리는 칸트를 진화론의 개척자 가운데 한 사람으로 꼽을 수도 있기 때문입니다.

아시다시피 진화론이란 "생물은 생활환경에 적응하면서 단순한 것으로부터 복잡한 것으로 진화하며, 생존경쟁에 적합한 것은 살아남고 그렇지 못한 것은 도태된다"고 하는 학설이기 때문입니다.

그런데 진화론이 본격적으로 주장된 것은 다윈(1809년~1882년)에 의해서였고, 다윈은 칸트가 세상을 떠난 지 5년 후에야 태어난 사람이거든요. 그렇게 따져본다면 칸트는 진화론이 세상 사람들의 이목을 집중시키기 벌써 오래 전부터 진화론적 사상을 주장한 셈이 되는 것 아닐까요?

형이상학은 어떻게 하여 가능한가?

《환상가의 꿈》에서 칸트는 "독단적 형이상학을 세우려고 하는 것은 마치 정신 광란자의 환상과 비슷할 뿐"이라고 말하고 있습니다. '경험'이라고 하는 확실한 토대를 떠나버린다면, 아무리 엄밀한 논리적 방법에 의한다 할지라도 매우 이상하고 예사롭지 못한 철학체계를 만들어낼 뿐이라는 것이지요. 여기에서 우리는 칸트가 이미 뜬구름 잡기 식의 형이상학에 대해 일종의 경고장을 던지고 있음을 알 수 있습니다.

사실 칸트 초기에 독일의 지배적인 철학 체계는 라이프니츠-볼프 철학이었습니다. 그런데 이 철학은 "경험의 힘을 전혀 빌리지 않고도, 선천적인 이성의 원리를 바탕으로 하여 올바른 세계의 모습을 알아낼 수 있다"고 하는 독단적 합리주의였거든요. 이러한 입장에서 보자면, 인간의 감각세계를 넘어서는 영역의 학문, 즉 형이상학의 성립가능성을 굳이 의심할 까닭이 없습니다. 칸트 역시 스승 크눗센의 영향을 받아, 40대였던 1760년대까지 이러한 합리주의에 물들어 있었던 것 같습니다.

하지만 흄이 이끌어낸 회의주의적 결론에 힘입어 칸트는 비로소 '독단의 잠'에서 깨어날 수 있었습니다. "오직 경험만이 인식의 원천이자 한계"라고 하는 경험론적 입장에서는, 손에 잡히지도 않고 눈에 보이지도 않는 형이상학의 주장을 받아들일 수 없었습니다. 감성세계를 초월하는 문제에 관한 한, 경험은 아무런 이론적 근거도 제공하지 못하기 때문이지요.

그렇다면 칸트는 형이상학을 전혀 불필요하고 무익한 학문이라 여겨, 옆으로 던져버렸을까요? 절대로 아닙니다. 칸트는 그럼에도 불구하고 형이상학이 우리에게 줄 만한 이점(利點)이 두어 가지 있다고 말합니다. 그 첫째는 사물의 특성을 고찰하고 연구함으로써 철학이 지향해야 할 과제가 무엇인지, 그에 대한 시원한 해답을 기대해볼 수 있다는 것이고요. 두 번째의 이점은 과연 우리가 세운 과제가 올바른 근거에서 제기된 것인지, 그리고 경험의 한계와는 어떤 관계에 있는지를 생각하도록 해준다는 것입니다. 이렇게 보았을 때 칸트에게 형이상학이란 곧 '인간 이성의 한계에 관한 학문', 다시 말해 '과연 우리 인간의 이성은 어디까지 알 수 있으며, 또 어느 선부터 알 수 없게 되는가?'를 고찰하는 학문분야가 되겠지요.

이미 살펴본 바와 같이, 근세철학에는 두 가지 큰 흐름이 있었습니다. 한편에서는 합리주의를 들고 나오고, 또 한편에서는 경험주의를 들고 나옵니다. 그렇다면, 이 가운데 어느 편이 옳을까요? 이에 대한 결정을 내리기 전에, 칸트의 입장에서는 먼저 인간이 갖는 사고의 구조부터 따져보아야 했습니다. 사유는 어떠한 활동방식을 따르고 있으며, 또 과연 인간 인식의 원천과 효용 범위 그리고 한계란 어디에 있는가? 이러한 문제가 명백히 해결되었을 때라야, 비로소 우리는 형이상학의 가능성과 그 수립방법에 대해 판단이 가능할 것입니다.

그럼에도 불구하고, 칸트가 '과연 형이상학이라는 학문이 가능한가?'라는 문제에 자그마치 15년이라는 세월을 소비했다는 사실은 그것이 얼마나 어려운 문제인가를 웅변해줍니다. 이 문제에 대해, 그가 이룩한 최초의 해결 결과는 1770년에 발표된 〈감성계와 예지계의 형식과 원리에 관하여〉라는 논문에서 엿보입니다. 그러나 57세의 칸트가 《순수 이성 비판》을 내놓아 세상을 놀라게 한 것은, 그로부터 11년 후의 일이었습니다.

2

《순수 이성 비판》 탄생의 철학사적 배경

고뇌의 시간, 11년

칸트는 1772년 한 친구에게 편지를 보내는데, 그 내용은 자신의 새로운 책이 3개월 안에 나온다는 것이었습니다. 그러나 칸트의 장담과는 달리 이 책(《순수 이성 비판》)은 1년이 지나고, 2년이 지나도 나오지 않았어요. 결국 9년이 흐른 후에야 그 모습을 나타내는데, 이 기간 동안 조바심을 냈던 애독자 가운데 라파에텔이라는 인물이 있습니다. 그는 1774년 2월 8일, 기다리다 못해 다음과 같은 내용의 편지를 칸트에게 보냅니다.

"한두 줄, 서너 줄이라도 좋으니, 말씀해주십시오. 귀하는 이제 세상에서 사라졌습니까? 왜 저렇게 쓸 만한 능력도 없는 자들이 책을 쓰고 있는지, 그리고 탁월한 필력(筆力)을 가진 귀하는 왜 쓰지 않는지요? 왜 귀하는 침묵하고 있습니까? ……칸트 씨, 제발 이렇게 말씀해주십시오. 나는 곧 말하려 한다고…….”

이 무렵, 세계적인 사건들이 연이어 터지는데요. 비록 7년 전쟁(1756~1763년)은 끝났지만, 프러시아(독일)의 프리드리히 대왕은 강한 군대를 이끌고 외국과 싸우고 있었습니다. 1775년에는 북아메리카의 13개 식민주가 영국이 반포한 인지조례(印紙條例)에 큰 불만을 품고, 전쟁을 일으킵니다. 1776년에는 워싱턴 장군을 독립군의 총사령관으로 추대하여 독립선언서를 발표하였으며, 마침내 1783년 파리조약에서 미국의 독립이 승인되었습니다. 이 미국 독립전쟁의 영향을 받아, 독일의 이웃나라인 프랑스에서도 서서히 혁명의 기운이 일어나기 시작했고, 그 바람이 독일에까지 미칠 지경이었지요. 바다 건너편의 영국에서는 증기기관 등이 발명되어, 산업혁명이 점차 무르익어 갔습니다.

그러던 1781년의 어느 날, 드디어 인류 역사에 위대한 한 작품이 탄생했습니다. 이름 하여 《순수 이성 비판》입니다. 10여 년의 악전고투 끝에, 57세의 칸트가 이룩한 걸작이었지요. 이때부터 다시 10여 년에 걸쳐, 칸트의 뛰어난 작품들이 쏟아져 나오는데요. 그 목록은 위에서 살펴본 바와 같습니다.

그렇다면, 이미 대학교수가 된 칸트가 무려 11년 동안 아무런 저서도 내지 않았던 까닭은 무엇일까요? 아마 그것은 흄이 제기한, 회의주의에 대한 고민 때문이었던 것 같습니다. 앞에서 말한 바와 같이 이 시대는 인간 이성에 대한 신뢰와 후천적 경험에 대한 믿음이 교차하던 시대였지요. 하지만 이러한 장밋빛 확신에 찬물을 끼얹은 사람이 바로 흄이었습니다. 흄은 인간의 이성과 경험이 보잘 것 없는 것임을 증명해보였거든요.

난해한, 그러나 위대한 책

칸트는 어떻게 해서든 흄의 회의론을 극복하고 과학의 확실성에 기초를 제공해야 했습니다. 이 작업을 위해, 무려 11년 동안이나 사색에 사색을 거듭했던 것이지요. 그리고 그 찬란한 고뇌의 결과물이 바로 《순수 이성 비판》으로 나타난 것입니다. 800여 쪽에 이르는 이 책은 오랫동안 고민한 산물이긴 하지만, 뜻밖에도 단 5개월이란 짧은 시간에 써졌다고 합니다.

그렇다면 인류사에 길이 남을 이 위대한 책에 대해 첫 반응은 어땠을까요? 처음부터 센세이션을 일으켰을까요? 아닙니다. 실망스럽게도, 맨 처음 사람들의 반응은 신통치 않았습니다. 최초의 독자에 속하는 동료 교수 헤르츠는 이 책의 난해함 때문에 '미쳐 버릴 것 같은 기분'으로 절반도 못 읽고, 칸트에게 돌려주었다고 합니다. 당시 널리 인정을 받고 있던 철학자 멘델스존 역시 "신경을 쇠약하게 만드는 작품"이라고 혹평 했지요. 왜 그랬을까요? 우선 책의 분량이 엄청나게 많았을 뿐만 아니라, 문장 자체도 너무 길고 어려웠습니다. 하지만 그로부터 채 10년도 지나지 않아, 《순수 이성 비판》은 인류 역사상 가장 위대한 철학책으로 세상에 알려지기 시작합니다.

물론 이 책을 처음 접하는 대부분의 사람들은 어려운 문장과 내용 때문에, '머리가 돌아버릴 것 같은' 기분을 느끼게 됩니다. 하지만 그 난해한 문장에 어느 정도 익숙해지면, 위대한 철학자가 펼쳐나간 그 논증의 정확성 때문에 자신도 모르게 빨려들고야 맙니다. 한 치의 오차도 없이 정확하게 한 목표를 향해 날아가는 미사일처럼, 이 책은 인간 지성의 목표를 향해 정확하게 날아가고 있기 때문입니다.

칸트가 던지는 세 가지 질문

《순수 이성 비판》이 나온 당시는 뉴턴의 역학(力學, 물체들의 운동을 분석하는 학문)이 세상에 나온 지 100년 가까이 지났을 때입니다. 뉴턴의 역학은 "이 세상에서 일어나는 모든 사건이나 현상은 과학적 법칙으로 설명될 수 있다"는 세계관을 자리 잡게 만들었지요. 그러나 18세기 후반에 다시 분위기가 바뀌면서 낭만주의가 등장합니다. 낭만주의는 '이성에 의한 역사의 진보'라고 하는 계몽주의적 믿음에 대해 코웃음을 칩니다. 가히 이성과 감정의 전쟁이라 할 만한데요. 이처럼 혼란한 정신사적 상황 속에서 나온 책이 바로《순수 이성 비판》인 셈이지요.

여기에서 칸트의 관심은 자연히 '이성'으로 모아지는데요. 칸트는 이론이성과 실천이성 가운데 우선 이론 이성 즉, 사변이성에만 연구를 집중합니다. 그리고 이때의 비판은 앞에서 말한 대로 부정한다는 의미가 아니라, 검사와 구별 그리고 정당화의 의미이고요. 물론 순수이성이 무언가를 인식할 수 있다는 사실에 대해서는 인정합니다. 그에 따라 형이상학의 가능성도 인정되고요. 다만 그 범위와 내용, 그리고 한계를 분명하게 정해보자는 말이거든요. 이렇게 보면, 비록 제목에는 '비판'이라는 용어가 달려 있긴 하나《순수 이성 비판》은 '인간 이성이 위대함을, 그것에 의해 인류 사회는 얼마든지 발전하고 진보할 수 있음'을 밝히려 한다고 말할 수 있겠습니다.

《순수 이성 비판》에서 칸트는 세 가지 질문을 던지고 있습니다.

첫째, "나는 무엇을 알 수 있는가?"

둘째, "나는 무엇을 해야 하는가?",

셋째, "나는 무엇을 바랄 수 있는가?"

이 세 가지 질문은 결국 '인간이란 무엇인가?'라는 한 가지 물음으로 묶어낼 수 있다고 합니다.

첫 번째 물음에 대답하기 위해 쓴 책이《순수 이성 비판》입니다. 두 번째는《실천 이성 비판》이, 마지막 물음에는《이성의 한계 안에서의 종교》가 답을 하고 있습니다. 그리고《순수 이성 비판》,《실천 이성 비판》과 예술 부문을 함께 다룬 세 번째 비판서《판단력 비판》을 묶어, 우리는 보통 칸트의 '3대 비판서'라고 부르는 거지요.

그 가운데에서도 특히《순수 이성 비판》이 중요한 까닭은 무엇일까요? 그것은 그 책이 '형이상학의 모든 비밀을 풀어낼 열쇠'라고 칸트 자신부터 생각했기 때문입니다. 그러면 여기에 등장하는 형이상학(形而上學)이란 어떤 학문을 가리키는 걸까요?

형이상학이란 흔히 '이 세상에 존재하는 것들에 대해, 그 근본원리 및 원인을 따지는 철학의 한 분과'로 알려져 있습니다. 예를 들어 탈레스가 물을 세계의 근본물질이라 주장했다면 그것이 탈레스의 형이상학이 되는 거고요. 헤겔이 세계를 움직이는 근본적인 힘을 정신에서 찾았다면, 그것이 헤겔의 형이상학(관념론)이 되는 것이지요. 그러므로 대개 형이상학 하면 관념적이고 추상적이기 마련이고요. 흔히 신이나 영혼 등을 다루는 학문으로 인식되기도 합니다.

그러나 칸트는 더는 형이상학이 독단적이어서는 안 된다고 주장하고 있습니다. 그래서 인간 이성의 엄격한 검증을 받아야 한다고 말하고 있는 것이고요. 여기에서 올바르게 사용되는 이성과 근거 없이 월권(越權)을 행하는 이성을 구별할 수 있어야 하는데요. 그것을 구별하는 이성의 재판소, 그것이 바로《순수 이성 비판》이라는 것입니다.

보통 칸트 철학은 선험철학이라고 부릅니다. 여기에 등장하는 선험철학(先驗哲學, transcendental philosophy)이란 용어는 칸트 철학에게만 해당되는 고유용어로서, 모든 다른 철학과 칸트철학을 구별 짓는 말이기도 합니다. 알아듣기 쉽지 않은 그 용어의 뜻을 굳이 설명하자면, '경험에 바탕을 두면서도, 선천적 인식 능력으로서의 이성을 버리지 않는다'가 되겠는데요. 쉽게 말하면 경험론과 합리론의 종합을 시도한 철학이라는 뜻입니다.

인간의 세 가지 인식 능력

이제 《순수 이성 비판》에 대해 본격적으로 알아보도록 하겠습니다. 인식의 측면을 다루고 있는 《순수 이성 비판》은 크게 선험적 미학과 선험적 분석론과 선험적 변증론으로 나누어집니다.

선험적 미학은 우리 자신의 감성(感性) 능력을, 선험적 분석론은 오성(惡性) 능력을, 선험적 변증론은 이성(理性) 문제를 다루고 있는데요. 그렇다면 여기에 등장하는 감성과 오성, 이성이란 무슨 뜻일까요?

여러분이 산에 올라 녹아 흐르는 개울물 소리를 듣고, 파릇파릇 돋아나는 새싹을 보았다고 가정해봅시다. 귀로는 소리를 듣고, 눈으로는 싹을 보겠지요? 그처럼 우리의 감각기관을 통해 밖에 존재하는 사물이나 일어나는 현상을 받아들이는 우리 자신의 능력을 감성이라 부릅니다.

그런데 여러분이 개울물 소리와 새싹을 통해 '아! 봄이 왔구나'라고 깨닫는다면 여러분의 마음속에 이미 오성이 작동하고 있는 것입니다. 여기 오성(悟性, Verstand)에서의 '오(悟)'란 '깨닫다'의 의미입니다. 불교에 돈오(頓悟), 다시 말해 '단박에 깨치다'는 단어가 돈오의 '오'와 비슷한 뜻으로 이해하면 될 것 같네요.

또한 여러분이 개울물 소리와 새싹을 통하여 '과연 그것들이 근본적으로 어디에서 생겨났을까? 이 세계를 창조한 신이 과연 존재할까?'를 궁리한다면, 여러분의 맘속에 이성이 움직이고 있다 말할 수 있습니다. 그러므로 칸트가 말하는 이성이란 상식적이고 일반적인 그런 이성도 아니고, 합리주의자들이 말하는 선천적인 인식 능력이라는 뜻과도 많이 다릅니다. 오히려 '인간의 능력으로는 알 수 없는 것까지 쓸 데 없이 알려고 하는, 이상한 녀석' 쯤의 의미로 사용하고 있는 것이지요. 이 부분에 대해서는 다음에 다시 설명 드리도록 하겠습니다.

선험적 미학(감성론)

이 부분은 《순수 이성 비판》의 첫머리에 해당하는데요. '감성론'으로 불리기도 하는 만큼, 우리의 인식능력 가운데 감성을 다루고 있는 대목입니다. 칸트는 우리 인간에게 인식이 가능하다는 것을 전제로 하고, 그렇다면 그 인식이 어떻게 가능한지를 다루고 있습니다. 우리의 인식이 성립되려면 과연 어떤 조건이 필요할까요?

외부 사물을 받아들이는 능력(감성)

무언가를 알려면 무엇보다 먼저 그것을 경험해야겠지요? 보거나 들은 적이 없는 것을 알 수는 없는 법이니까요. 그런데 경험을 하려면 우선 경험되는 사물(혹은 사건)이 있어야 하고, 그것들을 받아들이는 우리 자신 속의 어떤 능력이 있어야 합니다. 바로 이 능력이 감성(感性)이지요.

이처럼 감성이란 우리 밖의 대상(사물, 물건)이 우리(인간, 인식주체)에게 작용함으로써 일어나는, 우리들 자신 속의 어떤 능력을 가리킵니다. 그리고 이 감성만이 개개의 대상에 대한 직접적인 **표상**을 우리에게 제공해주는 것이고요. 예를 들어 우리가 한 송이 장미꽃을 바라볼 때, 밖에 있는 그 장미꽃이 우리의 눈을 자극하여 우리들 안에서 보는 작용(시각 작용)을 일으켰다고 합시다. 이때 그 시각(視覺) 작용을 일으키는 우리들 안의 능력을 감성이라고 부를 수 있습니다. 그렇다면 감성이란 우리의 시각뿐 아니라 청각, 후각, 미각, 촉각 등을 모두 포함하는 능력이라 말할 수 있겠지요.

그러나 실제로 감성이 제공해주는 것은 개별적인 감각작용에 지나지 않습니다. 예를 들어 우리가 한 송이 장미꽃을 만날 때, 눈으로는 그 꽃의 모양이나 색깔만 보며, 코로는 냄새만을 맡을 수 있고, 손으로는 그 촉감을 느낄 수 있을 뿐이지요. 어쩌면 다른 동물들은 모두 이 수준에 머물러 있을지도 모릅니다. 그런데 다행히도 우리에게는 이것들을 정리할 수 있는, 더욱이 공간적 내지 시간적 통

표상(表象) 밖에 존재하는 어떤 대상에 대해 우리가 감각적으로 느낀 바가 우리의 의식상에 나타나는 모습. 그러므로 사고에 의한 논리적, 추상적인 개념과는 구별된다.

일이라는 특정한 방법에 따라 질서를 부여할 수 있는 능력이 주어져 있습니다. 예를 들어 우리가 이곳에 지금, 우리 눈앞에 놓여있는 장미꽃을 바라보고 있다고 합시다. 이때 우리 안에서는 '이 꽃의 색깔, 냄새, 촉감들을 종합해보았을 때, 이 사물은 다름 아닌 바로 장미꽃이로구나!' 하는 판단이 일어나는 거거든요. 그리고 이러한 판단이 가능한 까닭은 그 장미꽃이 우리 앞에 나타났기 때문입니다.

그렇다면 장미꽃은 어떻게 우리 앞에 등장했을까요? 우리는 과연 어떤 방법으로 그 장미꽃을 만날 수 있었을까요? 그것은 장미꽃이 일정한 시간, 일정한 공간 안에 존재하기 때문입니다. 그 시간이란 바로 '지금'이며, 그 공간이란 바로 '여기'입니다. 다시 말해 바로 '여기'라는 공간적 규정, '지금'이라는 시간적 규정을 갖고 우리 앞에 나타났기 때문에 그 장미꽃을 우리가 만날 수 있게 되었다는 것이지요. 그러므로 공간과 시간은 우리의 경험적 **직관**이 성립되기 위해 없어서는 안 될, 형식(形式)에 해당합니다.

공간과 시간이 무엇인가?

이 대목에서 우리는 칸트가 이해하는 공간과 시간이 우리가 보통 알고 있는 내용과 많이 다르다는 것을 느낍니다. 과연 공간은 무엇

직관(直觀) 우리의 감각기관을 통하여, 밖에 존재하는 사물에 대해 알아내는 일을 의미한다. 또한 연상이나 판단, 추리 따위의 사유 작용을 거치지 않고, 대상을 직접적으로 파악하는 작용이다.

이고, 시간은 무엇일까요? 매우 쉽고 간단한 것 같지만 사실 이 공간과 시간이란 개념은 많은 철학자와 과학자들이 어려워했던 개념이기도 합니다. 뉴턴 식으로 말하면, 공간과 시간은 우리와 상관없이 그 자체로 존재하는 것들이겠지요. 하지만 칸트는 이것들이 우리의 밖에 그 자체로 존재하는 것이 아니라 우리의 안에, 즉 인간의 정신 구조 안에 들어 있다고 주장합니다. 공간과 시간은 '이러저러하게 있다'가 아니라, '이러저러하게 (우리들 자신에 의해) 파악된다'가 되는 셈이지요.

이처럼 공간과 시간이라는 틀 안에서 받아들인 자료(외부의 사물이나 사건)를 놓고, 우리의 정신은 분석을 하기 시작합니다. 그러므로 공간과 시간은 우리가 세계를 인식하기 위해 사용해야 하는 '벗을 수 없는 안경'과 같습니다. 이를 체스에 비유하자면, (공간과 시간은) 체스의 판이나 말처럼 세계 속에 존재하는 사물이 아니라, 체스의 규칙에 해당하는 건데요. 체스를 둘 때에는 규칙에 따라야 하며, 규칙이 없다면 체스 게임이 불가능하지 않을까요?

우리는 2016년 3월 이세돌과 알파고 사이에 벌어진 세기적인 바둑 대결을 지켜보았습니다. 모두 다섯 차례에 걸쳐 열린 이 대회에서, 구글 딥 마인드가 개발한 인공지능 알파고가 이세돌 9단을 4대 1로 이겼지요? 이때도 미리 정해진 규칙이 있었습니다.

보통의 바둑 시합에서는 5전 가운데 먼저 3승을 거두는 쪽이 승리하여 게임이 끝나거든요. 하지만 이 대국에서는 누가 이기든 5국까지 모두 두는 방식으로 진행되었어요. 제한시간은 2시간, 1분 초 읽기는 3회였고요. 또 알파고는 직접 바둑돌을 놓을 수 없기 때문에 알파고 개발팀원 가운데 한 사람인 대만계 아자 황(아마 6단)이 알파고가 둔 수를 대신하여 바둑판으로 옮겼습니다. 또한 알파고는 중국식 룰로 개발되었기 때문에, 이 대국에서도 흑이 부담할 덤이 한국 룰보다 한 집 많은 7집 반으로 적용되었고요. 이와 같이 바둑 시합이 있기 전에 미리 약속을 정해놓는 규칙과 같은 것으로, 칸트는 공간과 시간을 바라보았던 것입니다.

공간과 시간은 직관 형식이다

나아가 칸트는 이 공간과 시간을 사물의 감성적 직관형식이며, 또한 선천적인 것이라고 주장합니다. 이 말이 무슨 뜻일까요? 먼저 감성적 직관형식이란 말부터 알아보도록 하지요. 가령, 지금 눈앞에 한 송이의 장미꽃이 있다고 가정해봅시다. 이때 나는 이 장미의 색깔이나 냄새 등을 머릿속에서 지워버릴 수 있습니다. 하지만 공간 속에서 장미가 차지하고 있는 일정한 크기, 즉 연장(延長)까지 없애버릴 수는 없지요. 그것은 우리가 없애고 싶다고 하여 없어지는 것이 결코 아닙니다. 왜냐하면 그것은 그 사물에 붙어 있는 것이라기보다 우리의 주관(감성)이 그렇게 파악하는 직관형식일 뿐이기 때문이지요.

이 직관형식이라는 말 가운데 먼저 직관(直觀)에 대해 알아보면,

이것은 어떤 대상(장미꽃)에 직접적으로 관계하는 우리 자신 가운데 의 표상을 가리킵니다. 다시 말해 장미꽃에 대해 논리적이고 추상 적인 추론을 하기 전에, 감각기관을 통해 나타나는 그 장미꽃 자체 의 모습을 뜻하는 것이지요. 그렇다면 여기에서 형식(形式)이라고 부르는 것은 또 무엇을 가리킬까요? 그것은 경험을 통하여 우리에 게 주어지는 다양한 질료(어떤 대상이나 사건)에 대한 법칙적 질서를 말합니다.

정리하면 다음과 같습니다. 공간과 시간은 뉴턴이 말한 것처럼 그냥 그 자체로 존재하는 것도 아니고 우리가 열심히 궁리한다고 하여 알아내지는 것도 아닙니다. 공간과 시간은 우리의 타고난 능 력으로서의 직관이 '아! 그러한 형식이 있구나!' 하고, 본능적으로 깨닫게 되는 것입니다. 따라서 그것은 우리가 거부할 수 없는 어떤 법칙과 같은 것이 되겠지요?

그런데 칸트는 공간과 시간을 또 구별하여, 공간을 외적(外的)인 직관형식, 시간을 내적(內的)인 직관형식이라고 말했습니다. 공간이 밖으로 드러나는 데 비해, 시간은 우리의 마음속에서만 일어나는 현 상이기 때문에 그런 것이겠지요.

공간, 시간은 선천적이다

그런데 우리가 이것들을 선천적이라고 부르는 까닭은 또 무엇 때 문일까요? 그것은 우리가 그것들을 경험에 의해 아는 것이 아니라,

경험을 성립시키기 위한 하나의 조건으로 미리(선천적으로) 우리 자신에 갖추어져 있어 알기 때문입니다. 나아가 이러한 공간과 시간에 대해 모든 인간은 똑같은 감성구조를 가지고 있기 때문에, 그것들은 모든 인간으로부터 보편타당성을 얻게 되는 것입니다.

예를 들어 우리가 사랑하는 연인과 데이트 약속을 한다고 해봅시다. 이때 나와 연인 사이에 언제 어디에서 만나자는 약속이 성립되는 까닭은 무엇일까요? 그것은 두 사람 모두 그 시간과 장소를 알고 있기 때문입니다. 이 때문에 두 사람이 12월 31일 오후 7시에 서울시청 앞에서 만나자 약속하면, 그 시간에 그 장소를 찾아가면 만날 수 있게 되는 것이지요. 그때 만약 두 사람 가운데 어느 한 사람이나 혹은 두 사람 모두 시간과 장소를 잘못 이해했다면, 만남이 이루어질 수 없는 거 아니겠어요?

이를 학문 분야에 적용해보도록 하지요. 공간을 다루는 기하학(선과 면, 도형 등의 모양, 크기, 공간의 성질에 대해 연구하는 수학의 한 갈래)과 시간적으로 계속하여 일어나는 현상을 바탕으로 수를 계산하는 산술학(덧셈, 뺄셈, 곱셈, 나눗셈을 비롯하여 분수, 확률 등)은 어떻게 하여 일반성과 필연성을 갖게 되는 걸까요? 바로 다른 모든 인간이 똑같은 공간·시간적 직관형식을 그들 자신 안에 지니고 있기 때문입니다. 즉, 공간과 시간에 대해 갑돌이와 갑순이의 이해하는 방식이 동일하다는 것을 전제하기 때문에, 순수수학이 가능해진다는 뜻이지요.

그러나 우리의 후천적 경험이 성립되기 위해서는, 시간 및 공간이라는 형식 외에 그 안에서 펼쳐지는 어떤 사건이나 존재하는 어떤 사물이 있어야 하겠지요? 바로 이것을 질료(質料)라고 부르는데요. 우리 안에 있는 주관적인 감성이 우리의 밖에 있는 질료(사물, 사건)를 경험할 때, 비로소 구체적인 직관이 성립되는 것입니다.

여기까지의 내용이 선험적 미학, 또는 선험적 감성론의 대체적인 내용인데요. 이 부분은 흔히 경험주의자들이 주장하는 후천적 경험을 다루고 있다고 볼 수도 있습니다.

선험적 분석론

앎의 토대가 무엇일까?

지금까지 칸트는 "시간과 공간 안에서 일어나는 경험적 사건들이 (인간 모두에게) 보편타당하다"는 사실을 밝히는 데 온 힘을 기울였습니다. 그런 다음 칸트는 오성에 대해 연구하기 시작합니다. 과연 오성이 무엇일까요? 한 마디로 '세계에 대한 지식을 알게 해주는 기능'을 가리킵니다. 예를 들어 "백두산이 지리산보다 더 높다"라든가, "고양이가 양탄자 위에 앉아 있다"라든가 하는 식으로, 어떤 사실을 우리로 하여금 알게 해준다는 뜻이지요.

그런데 여기에서도 칸트는 "우리 인간이 과연 세계에 대해 알 수 있는가?"하는 물음부터 던집니다. 그러고는 "우리가 세계를 이미 알고 있다"는 상식을 출발점으로 삼아, 그렇다면 과연 그런 앎이 어떻게 가능한가를 묻고 있거든요. 그리고 스스로 대답하기를, "그 앎이란 오성 기능의 종합적이고 선천적인 토대에 뿌리를 두고 있다"고 합니다. 칸트는 그 선천적인 토대를 '오성의 범주'라고 불렀는데요. 그렇다면 과연 이게 무슨 말일까요?

우리 자신의 자발적인 인식능력(오성)

칸트에 의하면, 우리는 인식의 줄기로서 감성 외에 오성도 가지고 있습니다. 감성을 통해서는 대상이 우리에게 주어지고, 오성에 의해서는 이 대상이 생각되어집니다. 시간, 공간의 직관형식에 의해 주어진 인식의 재료를 우리의 감성이 받아들였다 해도, 참다운 인식이 성립되기 위해서는 그 대상이 오성에 의해 사유되지 않으면 안 됩니다. 오성에 의하여 인식이 성립하는 이 과정을 논한 것이 바로 '선험적 분석론'인 것이지요. 이렇게 보면 오성이란 감성과 이성 사이에 끼어 있는, 우리들 자신 속의 어떤 인식 능력이라 말할 수 있습니다.

참다운 인식은 감성의 수용성과 오성의 자발성이 결합함으로써 이루어집니다. 이 뜻을 나타내고 있는 구절이 곧 "내용 없는 사고는 공허하고, 개념 없는 직관은 맹목적이다"이거든요. 그 대상에 대한 내용(직관)이 없는 사고는 공허할 뿐이고요. 또 오성의 자발적인 힘이 아니고서는 이해되지 않기 때문에, 개념이 없는 직관은 맹목적일 수밖에 없습니다. 가령 우리가 백묵(분필)을 인식하려면 분필이라는 대상(내용)이 우리 눈으로 보이고 손으로 만져져야 하며(직관), 그렇게 감각된 내용들이 우리 자신의 사고(오성)에 의해 정리되어야 합니다.(개념) 우리의 모든 인식은 경험과 더불어 시작되지만, 인식을 위해서는 오성의 자발성이 또 필요한 것이지요.

이런 점에서 오성이란 한 마디로, 판단하는 능력이라 말할 수 있습니다. 그런데 이 오성이라는 능력 속에도(앞서 보았던 시간, 공간에서처럼) 역시 선천적인 형식이 있어서, 우리의 판단을 보편적이고 필연적인 것으로 만들어줍니다. 이 형식이 곧 범주(Kategorie)라고 불리는 것인데요. 이것은 오성 가운데 있으면서 경험, 즉 지식을 성립시키는 조건이 되고 있는 것입니다.

인간의 오성 가운데 있는, 순수한 개념(12범주)

그렇다면 범주가 무엇일까요? 사전적으로 설명하자면 범주란 "어떤 사물의 개념을 설명하는 데 있어서, 그 이상 일반화할 수 없는 가장 보편적이고 기본적인 최고의 유개념(類概念)"을 가리킵니다. 아리스토텔레스는 모두 10가지 범주를 말했는데, 그것은 실체·성질·양·관계·장소·때·능동·수동·상태·위치 등이지요.

여기 한 마리 말이 있다고 가정해볼까요?

"한 마리(양)의 말(실체)이 지금(때) 여기(장소)에, 등에 안장을 얹은 채로(상태), 서 있다가(위치), 주인의 채찍을 맞고(수동), 힘껏 달리기 시작(능동)했어요. 원래 말은 잘 달리는 습성(성질)이 있는데요, 주인이 화를 내거나 채찍으로 때리면(관계), 더욱 잘 달리거든요."

이 문장에서 보듯, 우리는 여러 가지 범주를 통하여 그 대상(말)에 대한 많은 정보를 얻을 수 있습니다.

그러나 칸트는 아리스토텔레스의 범주표가 체계적이지 않다고 비판하고, 완전성과 체계성을 얻기 위해 범주를 일반논리학의 판단표로부터 이끌어냈습니다. 인간의 모든 사유는 판단에 의해 드러나기 때문에, 이 판단표로부터 이끌어내면 포괄적이고 체계적인 범주표가 만들어진다고 생각했던 것이지요.

칸트에 의하면, 우리에게는 열두 가지 판단이 가능하고, 이에 열두 가지 범주가 대응하고 있습니다. 먼저 우리의 판단에는 양, 질, 관계, 양상이라고 하는 네 가지 관점이 있고, 각 관점마다에는 세 가지 형식이 포함되어 있는데요. 이렇게 하여 생긴 열두 개의 형식으로부터 거기에 합치하는 개념이 찾아지는데, 이것이 곧 범주인 것이지요. 이상의 내용을 정리하면, 다음과 같습니다.

① 분량
전칭판단: 모든 A는 B이다 -전체성
특칭판단: 약간의 A는 B이다 - 수다성(數多性)
단칭판단: 이 A는 B이다 - 단일성

② 성질

긍정판단: A는 B이다 - 실재성(實在性)

부정판단: A는 B가 아니다 -부정성

무한판단: A는 非B이다 - 제한성

③ 관계

정언판단: A는 B이다 - 실체와 우유(偶有)

가언판단: A가 B이면, C는 D이다 - 원인과 결과(인과성)

선언판단: A는 B이거나 C이다 - 상호성

④ 양상

개연판단: A는 B일 수 있다 - 가능성과 불가능성

실연판단: A는 B이다 - 현존성과 비존재성

필연판단: A는 B여야 한다 - 필연성과 우유성(偶有性)

예를 들어 우리가 전칭(全稱) 판단을 내리는 것은 우리가 전체성
이라는 기본 개념을 오성 능력 자체 속에 미리 가지고 있기 때문에
가능합니다. "대한민국 국민은 모두 태극기와 애국가를 알고 있다
(전칭판단)"는 문장을 예로 들어볼까요? 물론 우리가 대한민국 국민
전체를 다 알 수는 없습니다. 하지만 '국민'이라는 단어가 의미하는
바, 곧 그것이 5천만이 넘는 국민 전체(전체성)를 가리킨다는 사실은

짐작할 수 있거든요. 그런데 "대한민국 국민 가운데, 어떤 사람은 태국기와 애국가도 모른다(특칭판단)"는 문장도 충분히 가능하고, 또 우리 역시 이 문장을 이해할 수 있지요? 여기에서도 우리는 '어떤 사람'이 누구인지는 알 수 없습니다. 하지만 문장에서 말하는 '어떤 사람(수다성)'이 무슨 뜻인지는 짐작할 수 있는 법이지요. 이 모든 것들은 다른 존재(동물 등)가 감히 소유할 수 없는, 인간만의 특이한 능력이라고 부를 수도 있는 것이고요.

대상은 우리 자신에 의해 구성된다

그런데 우리는 이 대목에서 중요한 점을 발견할 수 있습니다. 칸트가 말하는 범주의 개념들은 정신이 실재(實在-실제로 존재하는 사물, 사건 등)로부터 이끌어낸 것이 아니라, 오히려 그 반대로 정신이 실재에게 주입(注入)한 것이라는 사실이지요. 이 부분이 매우 중요한데요. 왜냐하면 지금까지의 인식론과는 전혀 다른 칸트만의 이론이 여기에 등장하고 있기 때문입니다. 다시 말해 칸트는 우리의 인식이 밖에 있는 어떤 것으로부터 생겨나는 것이 아니라, 밖에 있는 것들이 우리의 인식에 의해 생겨난다고 말하고 있습니다.

이것이 그 유명한 칸트의 구성설(構成說)입니다. 여기에서는, 인식의 대상이 인식의 주체인 우리들 자신에 의해 만들어지는 것이나 마찬가지가 되지요.

가령, 우리의 눈앞에 보이는 어떤 자연현상이 '인과적으로' 변화

한다면, 자연 자체가 그렇게 변화하는 것이 아니라 우리 자신 가운데 있는 오성이 '인과'라는 범주로 질료를 구성하기 때문입니다. 그래서 칸트는 인간을 '자연의 입법자'로 규정하고, 이러한 사태를 스스로 '코페르니쿠스적 전환(轉換)'이라고 불렀던 것입니다.

"태양이 지구의 주위를 도는 것이 아니라, 지구가 태양의 주위를 회전한다"는 당시로서는 가히 청천벽력과 같은 혁명적 학설을 주장했던 코페르니쿠스에 비유한 것이지요.

다시 한 번 이 구성설에 대해 설명을 드려볼까요? 우리의 경험은 단순히 수동적으로만 만들어지지 않습니다. 오히려 우리 자신이 적극적으로 경험을 만들어낸다는 뜻이거든요. 똑같은 장미꽃이라도, 딱정벌레(여러 종류가 있으되, 우리가 흔히 알고 부르는 딱정벌레는 대부분 풍뎅이를 가리킴)와 토끼에게 장미꽃은 전혀 다르게 나타납니다. 딱정벌레와 토끼의 눈의 생김새와 두뇌 구조가 서로 다르기 때문이지요. 마찬가지로 인간은 시간과 공간이라는 감성 형식과 12개의 범주라는 오성(지성)의 구조를 사용하여 경험을 적극적으로 구성합니다. 그리고 이 오성의 구조는 경험 이전에 이미 우리에게 주어져 있다고 봐야 하고요. 그러므로 그것은 절대적으로 확실하다고 말할 수 있습니다. 바로 여기에서 경험이 비롯되었다면, 우리의 경험 역시 확실할 수밖에 없을 것이고요.

칸트는 서로 대립하여 싸우던 합리론과 경험론을 조화롭게 절충

하려고 하였습니다. 이러한 칸트의 해결책은 여러 모로 성공한 것처럼 보였습니다. 그러나 그로 인해 결과적으로 칸트는 "어떤 궁극적 실재가 존재하지만, 인간 정신은 그것을 알 수 없다"고 하는, 혼란스런 입장에 놓이게 되었습니다. 그 실재를 칸트는 '물 자체(物自體)'라고 불렀는데요.

그렇다면, 물 자체가 무엇일까요? 그것은 인식 주관에 대립하여 나타나는 현상으로서의 사물(物)이 아니라, 인식 주관으로부터 독립하여 그 자체로서 존재하는 어떤 것입니다. 따라서 현상의 궁극적 원인이라고 생각되는 사물 그 자체를 가리킨다고 말할 수 있겠지요. 이에 대해, 칸트는 "생각할 수는 있지만, 인식할 수는 없는 것"이라고 규정하였지요. 이에 따르면, 우리는 본체적 실재가 존재한다고는 말할 수 있으나 그 존재가 무엇을 의미하는지는 알 수 없는 것이 됩니다.

선험적 변증론

영혼불멸과 신의 존재에 대한, 이성의 욕망

감성과 오성을 비판적으로 다루고 난 뒤, 칸트에게 남은 과제는 무엇일까요? 그것은 성립될 수 있는 형이상학을 위해 이성이 어떻게 사용되어야 하는가를 규명하는 일이었습니다. 그리고 이것을 밝히는 곳이 바로 '선험적 변증론'이고요.

앞에서 말한 것처럼 우리 인간의 인식은 언제나 감성과 오성의 결합으로 이루어집니다. 그러므로 감성적 직관이 주어지지 않은 대상에 대해서는 범주를 적용할 수 없겠지요? 예를 들어 우리는 우리가 죽은 후 우리의 영혼이 살아남는 것인지 아니면 육체와 함께 없어지는지 도저히 알 수 없습니다. 왜냐하면 우리가 그것을 경험할 수 없기 때문이지요. 죽은 후의 우리는 우리가 아니고, 다른 사람이 죽었을 경우에는 그 사람의 경험을 우리가 짐작할 수조차 없으니까요. 신(하나님)이 존재하는지 존재하지 않는지에 대해서도 우리는 도저히 알 수 없습니다. 세상의 어느 누구도 하나님을 보거나 만난 적이 없기 때문입니다. 성경에 하나님을 만났다거나 하나님의 음성을 들었다고 하는 구절이 나오긴 하는데요. 그것을 객관적으로 증명할 수는 없는 노릇 아니겠어요?

형편이 이렇다면, 우리 스스로 영혼 불멸이나 신의 존재에 대해 알고자 하는 욕망을 버리면 됩니다. 그리하면 골치 아픈 문제는 사라지는 셈이거든요. 그러나 어찌된 영문인지, 머릿속으로는 그래야 한다 하면서도 실제의 마음은 그렇지 않거든요. 항상 궁금해 한단 말입니다. 여기에서 문제가 생기는 겁니다. 즉, 감성적 직관이 주어지지 않는 초 감성계에까지 오성의 범주를 적용하려는 데서, 착각이 생겨나는 것이지요. 이것을 선험적 가상(假象)이라 부르는데요. 여기에서 '가상'이란 주관으로 그렇게 보일 뿐 실제로는 존재하지

3장_명저 《순수 이성 비판》의 탄생

않는 거짓된 형상, 혹은 잘못된 착각을 가리킵니다.

따지고 보면 사람이 죽음을 두려워하는 이유는 크게 두 가지인 것 같습니다. 첫째, 죽은 후에 어디로 가는지 모르기 때문이고, 둘째 그곳에서 어떤 일을 당할지 또 알 수 없기 때문이지요. 이때 등장하는 존재가 바로 신, 즉 하나님입니다. 그가 어떻게 자신을 다룰지, 또 과연 그때까지 자신이 영혼으로나마 살아있을지 도무지 알 수 없기 때문에, 죽음을 공포의 대상으로 보는 것 아닐까요? 그래서 영혼이 불멸하는지, 신이 존재하는지에 대해 궁금해 하는 것이고요.

어떻든 인간이 도저히 알 수 없는 것들에 대해 끝까지 알고자 하는 것은 거의 본능에 가깝습니다. 따라서 그것을 탓할 수는 없지요. 선험적 가상은 인간 인식의 본성으로부터 생겨난, 어쩔 수 없는 현상이기도 하다는 말입니다.

실천이성의 우위(優位)

칸트는 감성에 있어서는 선천적 직관 형식을, 오성에서는 순수오성개념 즉 범주를, 그리고 이성에서는 이념들을 중요한 용어로 보고 있습니다. 그렇다면, 여기에서 말하는 이념이 무엇일까요? 그것은 영국인들이 생각하는 관념(Idea)도 아니고 개념도 아닌, 보다 높은 어떤 것입니다. 이념은 우리의 인식에 통일을 가져다주는, 그 어떤 것입니다.

그러므로 이념은 우리의 인식을 극단적인 수준으로까지 밀고 올라갑니다. 달리 말하면, 끝까지 가보자는 것이지요. 어느 분야에서 이런 일을 행하냐 하면, 첫째는 사유하는 주관에 있어서이고, 둘째는 세계에 있어서이며, 셋째는 절대적 존재에 있어서입니다. 그리고 여기에 해당하는 구체적인 개념으로 영혼과 세계, 신이 있고요.

첫 번째 질문으로 과연 여러분은 우리의 영혼이 사후(死後)에도 존재한다고 생각하세요, 아니면 육신과 더불어 없어진다고 생각하세요? 어떤 사람은 죽음 후에도 영혼이 살아남는다고 주장할 것이고, 또 어떤 사람은 죽음과 동시에 영혼이 사라진다고 주장할 것입니다. 그런데 우리는 이 둘 가운데, 어느 편도 들 수 없다는 데 문제가 있습니다. 왜냐하면, 영혼이 존속하는지 그렇지 않은지, 확인할 수가 없기 때문이지요. 그러므로 영혼이 불멸한다는 주장이나 그렇지 않다는 주장이나 똑같은 권리로 맞서는데, 우리의 이성은 그 가운데 어느 한쪽 편을 들 수가 없는 겁니다.

두 번째 질문으로, 여러분은 과연 이 세계의 끝이 있다고 생각하세요, 아니면 없다고 생각하세요? 과연 이 우주는 시간적으로, 또 공간적으로 한계가 있을까요, 없을까요? 있다는 사람도 있고, 없다는 사람도 있습니다. 상식적으로 생각해보면, 무슨 일에든지 끝은 있게 마련이지요? 그러므로 우리가 지금의 과학기술로는 세계의 끝까지 가보지 못한다 할지라도 반드시 끝은 있게 마련이라고 주장할 수 있지요. 하지만 우주에는 끝이 있을 수 없다는 주장도 있거든요. 오늘날 밝혀진 바에 따르면 하나의 은하계 안에 약 1,000억 개

정도의 별이 있는데요. 그러한 은하계가 이 우주 안에 약 2조 개 정도 있다니, 가히 상상을 초월하지 않는가요? 심지어 이 우주가 빛의 속도(초속 30만 킬로미터, 1초에 지구의 둘레 7바퀴 반 회전, 시속 10억 킬로미터, 태양에서 나온 빛이 지구에 도달하는 데 약 8분 정도 소요)로 팽창한다고 하니, 이 대목에 이르면 벌어진 입이 다물어지질 않네요. 그런데 문제는 이 두 진영 모두 어느 쪽도 확실한 증거를 내놓지 못한다는 사실이지요. 이 때문에 우리의 이성은 그 어느 편에도 가담할 수가 없는 것이고요.

마지막으로, 이 세상에 하나님이 있을까요, 없을까요? 있다는 사람도 있고, 없다는 사람도 있습니다. 보통 전자(前者)를 유신론자, 후자(後者)를 무신론자라고 부르지요? 하지만 이 역시 양쪽이 똑같은 권리와 타당성을 갖고 주장하기 때문에, 우리의 이성은 어느 쪽도 선택하지 못하는 딜레마, 이른바 이율배반(二律背反, Antinomie)에 빠지고 만다는 것이지요. 여기에서 말하는 이율배반이란 본래 "두 가지 원리가 서로 충돌하여 맞지 않다"는 뜻입니다. 한자 자체를 보더라도 "두 가지 법칙이 서로 반대된다"는 뜻이거든요. 한 사람의 머릿속에서 "영혼이 불멸한다, 하지 않는다. 이 세계에 끝이 있다, 없다. 하나님이 있다, 없다"와 같이, 혼란이 일어난다면 어떻게 될까요?

이처럼 우리의 이성이 정확한 판단을 내리지 못하고 방황하는 일, 이것이 다름 아닌 이율배반입니다. 그리고 이것이 바로 이론이성, 즉 순수이성의 한계이기도 한 것이고요. 이리하여 결국 여기에 대한 해답은 이론의 세계에서가 아니라, 실천적·도덕적 세계에서 나 가능할 것으로 남게 됩니다.

이러한 의미에서 칸트는 '순수이성에 대한, 실천이성의 우위'라는 말을 쓰고 있는 것입니다. 칸트가 '우위(優位)'라는 표현을 꺼내든 까닭은 순수이성 영역에서 알 수 없는 것으로 내던져놓았던 영혼불멸, 자유, 신 등의 개념을 실천이성에서 다시 불러들이고 있기 때문입니다. 이런 점에서, 실천이성은 적어도 순수이성(이론이성)보다는 그 범위가 넓다고 하는 뜻이고요.

난해한 베스트셀러 《순수 이성 비판》이 갖는 의의

《순수 이성 비판》이 유명한 것은 사실이지만, 사실 이 책만큼 이해하기 어려운 책도 없다고 알려져 있습니다. 이 책의 난해함에 대해서는, 중국의 소설가 겸 문명비평가인 린위탕(林語堂, 1895년~1976년. 북경대학 교수)도 가세하고 있는데요, 그는 "《순수 이성 비판》은 3쪽 이상 읽을 가치가 없다"고 잘라 말했습니다. 또 칸트 연구가로 유명한 캠프 스미스 역시 "《순수 이성 비판》의 난해성은 자세히 연구하면 할수록, 줄어들기는커녕 오히려 더욱 늘어난다"고 한탄하였고요. 심지어 독일의 독자들 사이에서는, "《순수 이성 비판》은 도대체 언제나 독일어로 번역되는 걸까?"라는 우스갯소리가 유행하였다고 합니다. 독일어로 쓰인 책을 독일 독자들이 이 정도로 어려

위헸다면, 그 번역본을 읽어야 하는 다른 나라 사람들은 더 말할 나위가 없겠지요?

그러나 한편으로, 독자들이 그토록 이해하기 어렵다는 것은 저자인 칸트 역시 그만큼 뼈를 깎는 노력을 기울였다는 의미가 되지 않을까요? 그 증거가 될 수 있는 정황을 우리는 이미 앞에서 확인한 바 있습니다. 즉, 칸트는 우여곡절을 거쳐 어렵사리 교수가 되었음에도, 11년 동안 아무 글도 발표하지 못했거든요. 근면 성실한 그가 아무 일도 하지 않은 채 놀고만 있었다고 상상할 수는 없는 노릇 아닐까요? 우리의 예상대로, 그는 오직 연구에 연구를 거듭하였고, 그 결과 1781년에 내놓은 작품이 바로 이《순수 이성 비판》이었던 것이지요. 실제로 이 책에 대한 구상은 교수가 되기 이전부터 시작되었다고 하니까요. 그렇게 따지자면《순수 이성 비판》이라는 책은 20여 년 동안의 사색과 11년 세월의 끈질긴 집필 작업 끝에 완성되어 나온 것이라 말할 수 있습니다.

철학사를 다시 쓰다

흔히 1781년은 서양 철학사에 큰 획이 그어진 해라고 이야기합니다. 왜 그럴까요? 칸트의《순수 이성 비판》이 처음 세상에 나온 해이기 때문입니다. 이 책 한 권으로 칸트는 갑자기 유명해지고 말았습니다. 그의 철학은 거의 유행처럼 되어 그의 저서들이 귀부인들의 안방에도 스며들었고, 이발사들이 그의 용어를 사용한다는 기록까지 나왔습니다. 서양 철학사를 통틀어 《순수 이성 비판》처럼 단 한 권의 책이 그처럼 커다란 위력을 발휘한 경우는 그리 많지 않습니다.

어쨌거나 《순수 이성 비판》 이후로 쏟아진 저서들을 통해 체계화된 칸트의 비판철학은 거의 모든 대학에서 강의되었습니다. 쾨니히스베르크를 새로운 철학의 성지(聖地)로 여긴 젊은이들이 이 도시로 몰려들었지요. 그들은 마치 신탁(神託, 신이 사람을 매개로 하여 그의 뜻을 나타내거나 인간의 물음에 응답하는 일)을 구하듯이, 칸트에게서 온갖 문제에 대한 답을 얻으려 했습니다.

"칸트 이전의 모든 사상은 칸트로 흘러 들어와 독일 관념론이라는 호수에 고여 있다가, 헤겔을 통해 흘러나가 이후 모든 사상의 원천이 되었다"는 유명한 말이 있습니다. 하지만 이를 바꾸어, "세계 사상의 조류(潮流)는 모두 칸트 철학으로 흘러들어가고, 또 칸트로부터 흘러나왔다"는 표현을 쓰는 학자도 있습니다.

칸트 철학이 등장한 이후로, 서양의 근세철학사는 칸트 이전과 이후로 크게 나누어지게까지 되었지요. 그러므로 19세기의 철학사는 거의 대부분이 칸트 사상을 받아들이고 전파하는 일, 또는 반론을 제기하고 변형시키는 일과 부흥의 역사라고 해도 지나친 말이 아닐 것입니다. 오늘날 우리나라의 대표적인 철학 학회 가운데 하나인 대한철학회는 1963년 경북대학교에서 설립되었는데, 당시의 이름은 '한국칸트학회'였습니다.

3

《실천 이성 비판》에 대한 분석

탁월한 윤리학자, 칸트

칸트가《순수 이성 비판》으로 유명해졌기 때문에, 대부분의 사람들은 이 주제(인식)만을 그의 가장 중요한 업적으로 생각하는 경향이 있습니다. 그러나 이것은 온당치 못하지요. 칸트는 훌륭한 인식론 연구자였을 뿐만 아니라, 탁월한 윤리학자이기도 했거든요. 인간이 인식하는 존재로 그치는 것이 아니라, 행동하고 실천하는 존재임을 칸트는 이미 간파했던 것이죠. 그리고 바로 그 분야를 다루고 있는 저서가《도덕 형이상학 원론》과 그의 제2 비판서에 해당하는《실천 이성 비판》입니다.

현상과 물 자체는 다르다

칸트는 제1 비판서인 《순수 이성 비판》에서, "우리의 인식이 현상계에 한정되어 있기 때문에, 이것을 초월한 물자체계, 초감성계는 인식할 수 없다"고 하여, 형이상학의 성립을 부정하였습니다. 그렇다면 여기에서 다시 한 번 물 자체에 대해 생각해보도록 하지요. 과연 물 자체가 무엇일까요?

앞에서도 말한 바 있듯이, 칸트는 현상(現象, Erscheinung)과 물 자체(物自體, Ding an sich)를 엄격히 구분했습니다. 우리는 밖의 사물이 우리에게 나타나는 그 모습 즉, 현상만을 알 수 있을 뿐, 그 사물 자체(물 자체)가 무엇인지는 도저히 알 수 없습니다. 가령, 지금 우리 눈앞에 다이아몬드와 금으로 장식된 하나의 시계가 놓여 있다고 가정해보지요. 이때 우리가 알 수 있는 것은 무엇일까요?

'아! 금과 다이아몬드로 만들어졌으니, 매우 비싸겠구나. 도대체 값은 얼마나 나갈까? 그리고 보아하니, 시계의 줄에도 보석이 촘촘히 박혀있고, 시침과 분침은 또 백금으로 되어 있구나. 시간도 잘 맞고. 색깔 역시 황금색으로 화려하고……'

그러나 우리의 이러한 '앎'은 겉으로 드러난 시계의 현상에 대해서일 뿐, 시계 그 자체에 대한 것은 아닙니다. 그렇다면, 과연 그 시계 자체는 무엇일까요? 그보다 먼저, 시계 그 '자체'와 그 시계의 색깔, 모양, 재료, 잘 맞는 시간 등은 서로 다른 것일까요, 아니면 같은 것일까요? 칸트 식으로 말하면, 다른 것이 되겠지요. 왜냐하면 시계의 색깔, 모양, 재료, 잘 맞는 시간 등은 현상일 뿐 시계 그 자체는 아니기 때문입니다. 그렇다면, 우리는 그동안 시계의 '현상'만을 보고서 그 '시계 자체'를 본 것으로 '착각'하고 있었던 것이 아닐까요? 맞습니다. 우리는 현상을 물 자체로 받아들인 것입니다.

물론 현상의 배후에서 그것을 나타나게 하는 사물 자체가 존재하는 것은 확실하겠지요. 왜냐하면, 그것이 없으면 현상도 일어날 수 없을 테니까요. 하지만 그것이, 즉 사물 자체가 어떠한 것인지 우리로서는 도저히 알 수 없습니다. 다만 우리는 그것이 일으키는 현상만을 알 수 있을 뿐이지요. 그래서 칸트는 이 (사)물 자체가 우리의 감성을 넘어선 어떤 곳에 존재하는 것으로 여기게 되고, 따라서 그것은 가상계(可想界, 상상만 해볼 수 있는 세계, 다른 말로 예지계)에서나 존재하는 것으로 가정할 수 있다고 본 것이지요.

그러나 한편으로 "우리의 인식이 현상계에 한정되어 있다"고 하는 칸트의 말 속에, 이미 형이상학을 향한 길이 놓여 있다고 말할 수도 있습니다. 왜냐하면, 조금 전 말한 바와 마찬가지로, 물 자체를 예상하지 않고서는 그것이 나타내는 현상도 있을 수 없기 때문입니다. 그리고 이에 따라, 우리의 인식 역시 성립될 수 없을 것이기 때문입니다. 그러므로 우리는 어쩌하든, 물 자체의 존재만큼은 인정해야 한다는 것이지요. 그리하여 칸트는 물 자체에 대한 '인식'을 부정한 것이지, 그 '존재'마저 부정한 것은 아니라고 말할 수 있습니다. 즉, 분명 사물 자체는 존재하지만, 우리 인간은 그것을 알 수 없다는 말로 정리할 수 있겠습니다. 이에 대한 칸트 자신의 말을 들어보도록 하지요.

"우리가 어떤 동일한 대상을 물 자체 그것으로서 비록 인식할 수는 없으나, 적어도 생각할 수는 있어야 한다. 왜냐하면 그렇지 않고서는 '현상하고 있는 무엇이 없이, 현상이 있다'고 하는 모순된 말이 생겨날 것이기 때문이다."

지식의 세계와 도덕의 세계

칸트가 내린 결론은 "우리의 이론이성을 가지고는, 물 자체에 대해 도저히 인식할 수 없다"라는 것이었습니다. 그렇다면, 우리가 이론적 인식 이외에 물 자체를 아는 길은 없을까요? 칸트는 이 길을 도덕의 영역인 실천이성에서 찾으려 합니다. 이에 대한 칸트의 말을 들어볼까요?

"나는 도덕적 신앙(믿음)에 자리를 마련해주기 위하여, 지식을 지양(제한)하지 않으면 안 되었다."

이 말이 무슨 뜻일까요? 이를 알기 위해서는 먼저 지식과 도덕의 차이를 알아야 합니다. 예를 들어 우리가 길을 건너고자 할 때, 곧바로 가로질러가는 지름길을 알고 있다고 합시다. 그러나 우리들 대부분은 가까운 지름길을 선택하는 대신, 멀리 떨어져있는 횡단보도까지 가서 길을 건넙니다. 왜 그럴까요? 그동안 우리가 받은 가정교육과 학교 교육, 사회적 법규가 우리의 도덕적 양심을 자극하여 그렇게 하도록 명령하기 때문이지요. 물론 간혹 이 명령을 어기고, 가로질러가는 사람도 있겠지만 말입니다.

여기에서 우리는 지식의 세계와 도덕의 세계가 따로 있음을 깨닫습니다. 사람은 항상 아는 대로만 행동하는 것이 아니라, '해야 하는 바'대로 행동할 때도 있습니다. 바로 이 점이 인간을 동물과 구별하게 만드는 요인이 아닐까요? 도덕적 양심을 가지고 있다는 사실로 인하여, 인간존재는 한없이 높아질 수 있는 것 아닐까요? 이 세상에는 도덕을 위해, 대의명분을 위해 자기를 희생하는 사람들도 많이 있거든요.

칸트는 바로 이 도덕적 의식을 통해, 물 자체(예지계)의 세계가 우리 앞에 나타날 수 있다고 주장합니다. 이리하여 우리의 이론이성, 즉 사변적인 순수이성으로써는 도저히 도달할 수 없었던 세계가 도덕을 통하여, 우리 눈앞에 활짝 열리게 되는 것이고요.

도덕법칙은 엄연한 이성적 사실이다

그렇다면, 지식의 세계 외에 따로 도덕의 세계가 있음을 어떻게 알 수 있을까요? 우리는 왜 도덕적으로 행동해야만 할까요? 이를 위해 칸트는 먼저 도덕률(도덕법칙)이 존재하고 있음을 전제합니다. 도덕법칙은 우리가 경험을 통하여 알아가는 사실이 아니라, 우리 자신의 맘속에서 울려 퍼지는 이성의 목소리입니다. 그 이성의 목소리는 우리가 도저히 부정할 수 없는 사실로, 우리에게 다가옵니다.

"내가 오랫동안 생각하면 생각할수록, 감탄과 외경(畏敬)을 내 마음 속에 채우는 두 가지가 있다. 그것은 내 머리 위의 별이 총총한 하늘과 내 마음속의 도덕률이다."

별이 빛나는 하늘은 우리의 눈을 통해 경험할 수 있습니다. 하지만 내 마음속의 도덕법칙은 눈으로 보거나 손으로 만져질 수 없지요. 그럼에도 우리는 그것이 존재함을 이성적으로, 즉 가슴에 손을 얹고 생각하건대 분명한 사실로 받아들입니다. 별이 빛나는 하늘이 경험적 사실인 데 비하여, 도덕법칙은 이성적 사실인 것이지요. 감성적 경험을 통하여 존재하는 것으로 나타나는 별을 우리가 부정할 수 없듯이, 이성을 통하여 우리에게 느껴지는 도덕법칙 역시 인정하지 않을 수 없는 것입니다.

여기에서 '이성의 사실'에 대해 더 자세히 살펴보면, 먼저 '사실'이 무엇일까요? 검사가 피의자를 심문할 때 전가(傳家)의 보도(寶刀)처럼 휘두르는 것이 있다면, 그것은 다름 아닌 '사실(fact)'일 것입니다. 판사가 최종 판결을 내릴 때도 지문이나 음성, CCTV 카메라 영상 등을 증거로 활용합니다. '사실'은 그 누구도 부정할 수 없는 증거 능력을 갖고 있기 때문이지요. 범인이 아무리 죄를 부정해도, 증인들이 아무리 입을 짜 맞추어도 코앞에 들이미는 사실 앞에서는 어쩔 도리가 없습니다. 이만큼 사실이란 무서운 의미를 지니고 있습니다.

그런데 칸트는 우리의 맘속에 도덕법칙이 존재함을 엄연한 '이성적 사실'로 받아들일 것을 요구합니다. 여기에서 '이성적'이란 무슨 뜻일까요? 거짓말을 하거나 도둑질을 하면, 누구든지 양심에 찔림을 받습니다. 따라서 양심이 있다는 사실은 그 누구도, 즉 이성을 지닌 인간이라면 그 누구도 부인할 수 없습니다. 다만 여기에서 '이성적 사실'이란 표현에 주목을 해야 하는데요. 칸트가 이런 표현을 쓰는 것은 간혹 '이성적이지 않은' 인간들이 있기 때문입니다. 이성을 잃어버린 상태에서, 혹은 이성보다 감정이나 욕망에 사로잡힌 인간들은 양심에 어긋나는 일을 저지르기도 하거든요. 그래서 우리가 보통 '짐승 같은'이라는 표현을 쓰지 않습니까? 여기에서 '짐승'이란 이성을 상실한, 그야말로 비인간적인 동물과 같은 상태를 나타낸다고 봐야겠지요. 이런 사람들을 제외하고 보통의 이성을 지닌 인간이라면, 누구든지 양심을 갖고 있음을 표현하고 있는 겁니다.

자율과 타율

그렇다면 칸트는 어떻게, 이 양심의 사실로부터 자율성을 이끌어냈을까요? 양심이 있다는 사실을 우리가 인정한다 하더라도, 어떻게 거기로부터 인간의 자율적인 행동을 강요할 수 있을까요? 이에 대해, 칸트는 그 도덕법칙이 우리의 실천이성에 대하여 강제적으로 다가온다고 주장합니다. 도덕법칙이 우리에게 "너는 …… 하지 않으면 안 된다"고 하는 정언명법(무조건명령) 형태로 다가온다는 것이지요.

이 대목에서 이상하게 여겨지는 것은, '왜 명령에 따르는 것이 자율적인가?' 하는 것입니다. 이에 대해 칸트는 "우리들 인간의 의지가 우리들 자신 속에 주어져 있는 이성 자체의 법칙에 의하여 규정되기 때문에, 자율(自律, 자기가 자기를 제어하는 것)이다"라고 주장합니다. 다시 말해 우리가 명령을 따르되 그 명령이 우리의 밖에서 주어지는 것이 아니라 '우리 자신 속에서' 우러나오는 것이기 때문이라는 것이지요. 이 때문에 우리는 우리 자신의 명령에 따르는 것이 되고, 따라서 그것은 자율이 된다는 것입니다.

이와 반대로 우리의 의지가 이성의 영역을 벗어난 어떤 외부의 것에 의하여 규정된다면, 그것은 타율(他律)이 되겠지요? 그런 점에서, 칸트 이전의 윤리학은 모두 타율적이었습니다. 왜냐하면 의지를 규정하는 근거를 행복이나 완전성, 최고선, 쾌락과 같이 우리 인간의 밖에 두는 잘못을 저질렀기 때문이지요. 여기에 등장하는 타율적인 원리는 인간들 누구에게나, 보편적으로 타당할 수가 없지요. 왜냐하면, 타율의 원리는 사람마다, 시대마다 서로 다르기 때문입니다.

3장_명저 《순수 이성 비판》의 탄생

하나의 정언명법(무조건적 명령)

그렇다면, 칸트가 제시한 최고의 도덕법칙은 무엇일까요? 도대체 우리더러 어떻게 행동하라 하는 걸까요? 여기에서 칸트는 하나의 무조건적인 명령, 즉 정언명법을 제시합니다.

"너는 언제나 네 의지의 준칙이 동시에, 보편적 입법의 원리로서 타당하도록 행위하라!"

여기에서 준칙이란 말은 어떤 사람의 주관적인 행위의 규칙을 말하고요. 입법에서 말하는 '법칙'이란 모든 사람이 지켜야 할, 객관적인 행위의 규칙을 뜻합니다. 그러므로 이 문장을 다시 해석하면, "자신의 주관적인 행위의 규칙이 객관적인 행위의 법칙으로 받아들일 수 있도록, 행동해야 한다"는 뜻이 되겠지요? 다시 말해, 주관적으로 옳다고 하여 다 옳은 것이 아니고, 누구나 인정할 수 있어야만 옳은 것이 된다는 뜻입니다. 여기에서 예를 들어보도록 하지요.

가령, 여러분이 친구로부터 3만 원을 빌렸다고 가정해봅시다. 그런데 친구가 그 돈을 빨리 갚으라고 재촉하기 시작합니다. 여러분의 입장에서는 짜증이 날 것입니다. 그러다가 엉뚱하게도, "저 녀석을 죽여 버리면, 돈을 갚을 필요가 없겠지?" 하는 생각이 들 수도 있을 것입니다. 그러나 이것은 옳지 못한 생각이지요. 이런 논리로 만약 살인이 정당화된다면, 누구든지 자신의 목적을 위해 타인의 생명을 빼앗아도 된다는 법칙이 성립되는데요. 이는 보편타당한 법칙이 될 수 없겠지요? 만약 그것이 누구나 받아들이는 보편타당한 법칙이 된다면, 이 세상에 살아남을 자가 아무도 없을 것이기 때문입니다.

이에 따라, 여러분은 다음 단계를 구상해볼 수 있겠는데요. 그것은 "내가 너에게 이미 돈을 갚았다"고 거짓말을 하는 것입니다. 그러나 이 역시 객관적인 법칙으로 성립될 수 없겠지요? 왜냐하면, 모든 사람이 거짓말하도록 허용된다면, 서로가 서로의 말을 믿지 못하게 되고요. 이렇게 되면, 모든 약속 자체가 성립할 수 없게 되는, 그야말로 혼돈의 세계가 되고 말 것이기 때문입니다. 그리하여 다시 궁리하기를 "3만 원을 일단 갚은 다음, 그것을 훔치면 어떨까?"라는 생각을 해봅니다. 하지만 그 역시 보편적으로 받아들일 수 있는, 행동의 원칙이 될 수 없지요. 왜냐하면, 도둑질이 모든 사람에게 허용된다면, 어떤 물건에 대한 일시적인 점유만 인정될 뿐 소유권을 행사할 수 없게 되기 때문이지요. 그러므로 우리는 "훔쳐서는 안 된다"는 의무도 동시에 갖게 되는 것입니다.

물론 이상과 같은 악(惡)들, 살인이나 거짓말, 도둑질 등이 어떤 사람의 특정한 상황에서는 일어날 수도 있겠지요. 하지만 모든 사람에게, 언제나 옳다고 할 수는 없는 법입니다. 그래서 그것은 선이 될 수 없는 것이고요. 대신 사랑이나 선행(善行), 자비심, 용서 같은 덕목은 언제 어디에서 일어나더라도 선이 될 수 있거든요. 그 때문에 정언명법, 즉 무조건적 명령에 합당한 것이 되는 것이지요.

선의지 – 동기가 선해야 한다

"이 세계 안에서, 아니 더 넓게 이 세계 밖에서도 무조건적으로 선하다고 볼 수 있는 것은 오직 선의지뿐이다."

칸트의 저서 《도덕 형이상학 원론》 첫머리에 나오는 이 유명한 구절에서, 과연 선의지(善意志)란 무엇일까요? 그것은 어떤 행위를 함에 있어서, 애초부터 '좋은 의도'로 임하는 것을 가리킵니다. 가령, A라는 친구가 B라는 친구에 대해 칭찬하는 글을, SNS에 올렸다고 가정해봅시다. 그런데 그 글을 본 많은 친구들이 도리어 B에 대해 좋지 않은 내용의 댓글을 올렸다면, 과연 A의 행동은 선일까요, 악일까요? 선입니다. 왜냐하면, 비록 결과는 좋지 않았으되, 애초 A의 맘속에는 착한 생각이 들어 있었기 때문이지요. 그런데 정반대로, A가 B를 골탕 먹이기 위해 좋지 않은 글을 올렸다고 가정해보지요. 그런데 B에 대한 장점, 칭찬하는 댓글들이 쇄도했습니다. 이때 A의 행위는 선한 것일까요, 악한 것일까요? 물론 악한 것이지요. 왜냐하면, 맨 처음의 의도, 즉 뜻하는 바가 악했기 때문입니다.

사람들은 어떤 일에 대한 결과가 좋지 않았을 때, 보통 그 일을 권한 사람에게 탓을 돌립니다. 아무리 변명을 해도 듣지 않고, 마구 비난을 퍼붓습니다. 다짜고짜 욕도 합니다. 물론 이는 잘못된 행동이지요. 왜냐하면 어떤 일에 대한 결과를 미리 알기는 어렵고, 그 때문에 사람은 누구나 실수를 저지를 수 있기 때문입니다. 그러므로 일의 결과보다는, 동기에 초점을 맞추어야 하는 것이고요. 입장을 바꾸어, 만약 그 일을 본인이 행했다면 어떻게 되었을까요? 아무리 변명해도 상대방이 자기 맘을 몰라준다고, 억울해했을 것 아닙니까? 그러므로 상대방이 품은 애초의 좋은 뜻을 무시한 채, 무조건 상대방을 몰아세우거나 탓하는 일은 없어야겠지요.

이와 반대로, 결과만 좋다고 하여 모든 행동을 정당화할 수는 없겠지요? 애초의 의도가 악했다면, 아무리 결과가 좋아도 그 행동은 악한 것이 됩니다. 다시 말해, 어떤 사람의 행동에 선의지가 결여되어 있을 경우, 아무리 좋은 것(침착성, 인내심과 같은 기질상의 장점, 부, 명예, 권력 등)도 금방 악으로 변질될 수 있다는 것이지요. 예컨대, 도둑으로 성공(?)하기 위해서는 많은 재주(?)가 필요합니다. 사전 준비도 용의주도하게 해야 하고, 오랜 시간 참으며 인내심도 발휘해야하고요. 실제 행동에 있어서는 영리하고 침착해야 하며, 용기도 뛰어나야 합니다. 위기가 닥쳤을 경우 임기응변에도 능해야 하고, 도망칠 때 체력 역시 좋아야 합니다. 보통 사람들이 갖추기 어려운 자질들이지요.

하지만 이 모든 장점에도 불구하고, 우리는 그를 훌륭하다거나 대단하다고 평하지 않습니다. 그는 한갓 도둑일 뿐이지요. 도둑의 재주는 차라리 없는 것보다 못합니다. 왜냐하면, 그 재주를 악한 곳에 쓸 때, 주변 사람이나 사회가 더 위험에 빠질 수 있기 때문이지요. 따라서 용의주도하거나 침착한 도둑은 그렇지 못한 도둑보다 더욱 가증스럽고, 그 때문에 더 무거운 형벌을 받기도 합니다. 흔히 판사들이 "죄질이 좋지 않다"고 표현하는 것은 바로 이런 경우를 두고 하는 말이거든요. 뛰어난 재주를 가졌을지라도 그 안에 '선의지'가 없으면, 오히려 더 무섭고 증오스러운 것이 된다는 뜻 아닐까요?

부나 권력 역시 그 자체로 놓고 보면, 나쁜 것이 아니지요. 도리어 바람직스럽기까지 합니다. 하지만 그것들을 좋게 사용했을 때 좋은 것이 되는 것이고, 나쁘게 사용하면 그야말로 나쁜 것이 됩니다. 많은 재물을 불우이웃이나 사회의 선한 사업을 위해 쓰면, 선한 행동이다 하여 칭찬을 받겠지요. 하지만 그 재물로 인하여 남을 업신여긴다거나 또 허랑방탕하게 써버린다면, 사회적으로 많은 비난을 받겠지요. 권력 또한 마찬가지입니다. 권력을 이용하여 백성들을 위하고 나라 발전에 이바지한다면, 두고두고 칭송을 받겠지요. 하지만 그 권력으로 약한 자를 억누르고 자기 배만 불리는데 열중한다면, 그거야말로 악한 행위가 되지 않을까요?

그러므로 어떤 행위가 선인가 악인가 하는 것은 그 행위자가 갖고 있는 내적인 능력이나 외적인 힘이 아니라, 그 행위를 하는 맨 처음의 의도가 선인가 악인가 하는 것으로 판가름 나는 것입니다. 이런 까닭에, 칸트는 선의지만을 '무조건적으로 선한 것'으로 간주했던 것입니다.

보석처럼 그 자체로 빛나다

칸트에 의하면, 이 선의지는 보석처럼 그 자체로서 빛나고, 그 자신 속에 모든 가치를 간직하고 있습니다. 유용성이나 무용성은 이 가치에 무엇을 더하거나 뺄 수 없는, 보석의 '테'에 지나지 않는 것이지요. 가령 다이아몬드 반지에서 가장 귀한 것은 한 가운데 박혀 있는 보석, 즉 다이아몬드가 되겠지요? 다이아몬드는 금강석이라 불리기도 하는데, 색상(Color)과 투명도(Clarity), 무게(Carat), 및 연마(Cut)의 4가지 요인(4C)에 의해 가치가 결정된다고 합니다.

먼저 색깔과 관련해서는 무색(無色)에 가까울수록 빛이 잘 통과되어 찬란한 무지갯빛을 낼 수 있으므로, 더 가치 있는 것으로 평가됩니다. 따라서 무색을 중심으로 색 등급이 결정되는데요. 가장 무색에 가까운 것을 DIAMOND의 첫 글자를 따서 D로 표기하고, 색이 짙어질수록 E, F, G, H… Z순으로 표기한다고 하거든요. 다음으로 투명도는 다이아몬드를 10배의 확대경으로 보았을 때 나타나는 상태를 기준으로 하는데요. 크게 6등급으로 구분한다고 합니다. 또 다이아몬드의 무게는 캐럿(carat)으로 표시되는데, 현재 1캐럿은 200mg으로 정해져 있습니다.

지금까지 살펴본 색상과 투명도, 그리고 무게는 어디까지나 다이아몬드가 갖고 있는 자연적인 요소에 속합니다. 하지만 연마는 사람에 의해 결정됩니다. 가장 많이 사용하는 방법이 브릴리언트 컷이라고 하는 건데요. 보석의 낭비를 가장 적게, 그리고 가장 빛나게 깎는 가공방법으로 알려져 있지요. 보통 58면으로 깎아진 면에 하얀색 빛이 들어가면, 파장에 따라 굴절이 달리 일어나 무지개색이 나타난다는군요.

어떻든 이 다이아몬드가 무척 귀하긴 하지만, 그것으로 반지를 만들어 손에 끼고 다니기 위해서는 테가 있어야 합니다. 그런데 이 테라고 하는 것은 다이아몬드에 비해 값이 엄청 싸겠지요? 칸트는 바로 이 점에 착안하여, 선의지를 강조하고 있는 것입니다. 즉, 어떤 행위에 있어서 선의지는 보석(다이아몬드)처럼 그 자체가 귀한 것일 뿐, 그것을 둘러싼 테는 하잘 것 없다는 뜻이지요. 이런 면에서 보자면, 칸트의 윤리학은 결과주의가 아니라 동기주의에 해당합니다. 다시 말해, 어떤 행위로 인해 일어나는 결과보다도 그 행위를 이끄는 동기, 그 사람 맘속에 품은 생각이 훨씬 더 중요하다는 것이지요.

의무 존중 – 고상하고 신성한 의무

칸트 윤리학에서, 세 번째로 강조되는 덕목은 '의무'입니다. 그의 제2 비판서 《실천 이성 비판》에는 이런 대목이 나옵니다.

"의무여, 너 숭고하고도 위대한 이름이여! 너는 사람이 너를 좋아할 아무런 것도 가지지 않으면서, 너에게 복종하기를 요구한다."

이 문장을 가리켜, 흔히들 의무송(義務頌)이라 부릅니다. 의무를 한없이 높이고, 또 칭송하고 있다는 뜻이겠지요. 그렇다면, 이게 무슨 의미일까요? 사실 '의무'라는 말을 좋아할 사람은 하나도 없거든요. 가령, 오늘날 대한민국 남성에게 주어지는 병역 의무를 진정 반길 사람이 어디 있겠습니까? 또 꼬박꼬박 세금 내는 것을 좋아할 국민이 얼마나 되겠어요? 그럼에도 불구하고, 해당되는 국민들은 군대에도 가고 세금도 냅니다. 왜 그럴까요? 그것이 국민의 의무이고, 따라서 국민이 따라야 할 행동이기 때문입니다.

경향성에 휘둘리면 안 된다

이 의무와 대립되는 것으로, 칸트는 경향성을 들고 있습니다. 여기서 말하는 경향성(傾向性)이란 '기울어지기 쉬운 감정'이란 뜻을 갖고 있습니다. 우리가 그때그때의 '기분이나 순간적인 감정', '이기적인 계산 같은 감정'에 의해 휘둘려서는 안 된다는 것이지요. 왜냐하면, 이러한 것들은 언제든 변할 수 있기 때문입니다. 칸트의 체질상, 지속적이지 않고 규칙적이지 않은 행위들은 용납하기 어렵거든요.

예를 들어, 지금 우리 눈앞에 헐벗고 굶주린 사람이 앉아있다고 가정해봅시다. 이때 갑자기 나의 맘속에서 일어나는 동정심에 따라 그를 도왔다고 하면, 과연 이것이 선일까요, 악일까요? 물론 나쁜 행동이라 말할 수는 없겠지요. 하지만, 칸트는 이런 행위가 참다운 의미에서 선은 아니라고 보는 것입니다.

"아니, 길거리를 걷다가 불쌍해 보이는 사람이 있어 동전이나 지폐를 건넸는데, 그것이 선이 아니라니요? 그러면, 그것이 악한 행동이란 말인가요?"

여러분은 이렇게 물을 수도 있겠지요. 하지만 칸트의 말은 그런 뜻이 아닙니다. 그 행위 자체가 나쁜 것은 아니지만, 그처럼 불규칙적이고 돌발적인 행동은 진정한 의미에서 선으로 간주되기 어렵다는 뜻입니다. 왜냐하면, '갑자기 일어나는 동정심'은 다른 장소, 다른 순간에는 일어나지 않을 수도 있기 때문이지요.

반면에 의무 의식에서 촉발된 행동은 언제, 어디서나 똑같은 형태로 일어날 수 있겠지요? '하고 싶어서'가 아니라, '해야 하기 때문에' 하는 행위는 나의 기분과는 상관없이 행해질 수 있거든요. 그러므로 칸트에 따르면, 의무 의식에 따라 남을 돕는 행위가 참으로 도덕적입니다. 우리가 앞에서 살펴본 것처럼, 아무런 조건이나 이유 없이, 다만 '…… 해야 한다'는 정언명법을 따르는 것이 도덕적이기 때문이지요.

그렇다면, 칸트 자신의 삶은 어땠을까요? 칸트는 말과 행동이 일치하는 사람이었습니다. "조건 없이, 이성의 명령에 따라야 한다"는 그 말 그대로, 칸트는 그야말로 의무에 충실한 삶을 살았던 것이지요. 자로 잰 것 같은 그의 철학은 정확하고 규칙적인 삶으로 나타났습니다. 엄격한 주인의 생활을 보조했던 하인 람페는 결국 엄청난 스트레스 때문에 알코올 중독에 빠졌고, 이 일로 인하여 결국 해고되었습니다. 하지만 칸트는 오랫동안 충성을 다했던 하인의 문제를 자기 방식대로 해결합니다. "람페를 잊어버려야 한다!"는 새로운 법칙을 세운 것이지요. 어쩌면 칸트는 충성을 다 바친 하인일지라도, 마음이 아프긴 하지만 해고시키는 것을 자신에게 주어진 의무로 간주했을 수도 있습니다.

최고선의 실현 – 선한 사람이 복을 받아야 한다

여기에서 우리는 먼저, 최상선과 최고선을 구별할 줄 알아야겠습니다. 최상선(最上善)이 과연 무엇일까요? 도덕적인 주체가 끝까지 도덕적인 행위를 행하는 것을 가리킵니다. 이보다 한발 더 나아간 개념이 바로 최고선(最高善)인데요. 최고선이란 어떤 도덕적 행위에 행복까지 보장되는 것을 의미합니다. 칸트는 착한 사람이 도리어 불행해지는 것을 원치 않았던 것 같습니다. 착한 사람이 복까지 받는다니, 이보다 더 좋을 수는 없겠지요.

그렇다면 칸트는 행복을 위해 선을 행해야 한다고 말했을까요? 우리 자신 복을 받기 위해 착한 일을 해야 할까요? 물론 칸트는 그렇다고 말하지 않았습니다. 우리가 어떤 도덕을 행할 때 그에 대한 대가를 미리 염두에 두었다면, "무조건적으로 도덕법칙을 따르라!"는 칸트의 닝령에 위배되는 것이지요. 분명히 칸트는 스스로 행복을 갈구하거나 그것을 추구해야 한다고 말하거나 한 적이 없습니

3장_명저 《순수 이성 비판》의 탄생

다. 그렇다고 하여 칸트가 도덕 행위의 결과로서 나타나는 행복까지 반대한 것은 아니었습니다. 우리가 처음부터 행복만을 추구하는 것은 문제가 있으나, 도덕적인 생활을 실천하고 나서 그 결과로서 행복이 주어진다면 거부할 필요가 없다는 것이지요. 당연히 누려야 한다는 것입니다. 왜냐하면, 이것이 도덕률과 배치되는 것이 아니기 때문이지요. 오히려 우리의 실천이성은 덕과 행복이 일치하는 최고선을 끊임없이 추구한다고 칸트는 말하고 있습니다.

그런데 이 세상에서 반드시 덕과 행복이 일치하는 것은 아닙니다. 착하게 살지만 불행해지거나 악하게 살면서도 복을 누리는 경우가 있습니다. 선하게 살아도 욕을 먹는 사람이 있고, 악하게 살아도 칭찬을 받는 사람이 있습니다. 이 가운데 여러분은 어느 쪽을 선택하겠습니까? 당연히 착하게, 선하게 사는 쪽을 선택해야겠지요.

하지만 때로 우리는 혼란을 느끼기도 합니다. 악하게 사는 인간들이 행복을 누리는 걸 보면, 화가 나고 손해 보는 느낌이 들거든요. 설령 그럴지라도, 칸트는 우리더러 착한 쪽에 서라고 요구합니다. 우리의 실천이성, 즉 도덕적 양심은 행복이 궁극적 목적이 될 수 없다고, 설령 불행해지더라도 선하게 사는 쪽을 선택하라고 명령하고 있기 때문입니다.

영혼은 불멸해야 하고, 신은 존재해야 한다

다시 처음의 논의로 돌아가 보도록 하지요. 최고선(도덕적 행위+행복)이 실현되기 위해서는, 먼저 최상선(도덕적 행위)이 실현되어야 합니다. 그러나 감성계에 속해있는 인간으로서는, 현실적으로 이것이 불가능하지요. 왜냐하면 의지가 도덕률과 완전히 일치해야 하는 최상선을 위해서는 그것을 향한 의지의 무한한 진행을 가정해야 하는데요. 그러나 이것은 곧 인간이 인격적 존재로서 무한하게 살아남아야 한다는 것, 즉 영혼의 불멸을 전제하고서만 비로소 가능하기 때문입니다. 그러므로 영혼불멸은 최상선의 실현을 위해, 즉 도덕의 성립을 위하여 요청될 수밖에 없습니다. 영혼이 불멸하는지 않는지 우리가 이론적으로 알 수는 없지만, 적어도 우리의 무한한 도덕적 노력을 위해서는 영혼이 불멸해야 하는 것입니다.

이를 쉽게 설명해보도록 하겠습니다. 우리가 끝까지 도덕적 노력을 멈추지 않기 위해서는, 우리의 육체가 죽더라도 도덕적 주체인 우리의 영혼만큼은 없어지지 않고 끝까지 살아남아야 합니다. 그러나 우리의 이론이성, 즉 칸트가 말하는 순수이성은 우리에게 이것을 알 권리가 없다고 말합니다. 즉, 우리의 영혼이 사후(死後)에까지 살아남는지 그렇지 않은지, 이론적으로 밝힐 수는 없다는 것이지요. 왜냐하면, 그것은 우리의 경험 세계를 뛰어넘는 영역이기 때문입니다. 다만 우리는 그것을 '요청'할 수 있을 뿐입니다. 요청이 받아들여질지 않을지 알 수는 없지만요. 어떻든 우리의 실천이성은 우리의 영혼이 사후(死後)에라도 살아남기를 바라고, 또 그것을 요구합니다.

이렇게 하여, 최상선이 실현되었다고 가정해봅시다. 그러나 그렇다 하더라도, 그에 따른 행복은 인간의 힘으로 보장하거나 실현시킬 수 없습니다. 그러므로 우리는 덕과 행복을 완전히 일치시킬 수 있는 전지전능(全知全能)한 존재로서, 하나님(神)의 존재를 요청해야 합니다. 이를 다시 설명해보도록 하지요. 이 땅에 사는 동안 우리가 아무리 선을 행하고 악을 피한다 할지라도, 반드시 행복이 보장되진 않습니다. 또 악한 사람이 반드시 벌을 받거나 불행해진다는 보장도 없지요. 그래서 우리는 그러한 모든 행위들을 알고 각 사람에 맞추어 행복과 불행을 (죽은 후에라도) 공평하게 나누어줄 수 있는 절대자, 즉 신의 존재를 요청할 수밖에 없는 것입니다. 무엇을 위해서요? 바로 도덕을 위해서요. 도덕이 성립되기 위해서는 영혼불멸과 더불어 신의 존재도 반드시 필요한 것으로 요청되어야 하는 것입니다.

선한 사람이 천국에 가고 악한 사람이 지옥에 가는 편이 그 반대의 경우보다는 낫지 않을까요? 다시 말해 선한 사람이 복을 받고 악한 사람이 벌을 받는 것은 선한 사람이 벌을 받고, 악한 사람이 복을 받는 경우보다 훨씬 바람직하지 않을까요? 그래야만 이 땅에 사는 동안 되도록 착하게 살려 많은 사람들이 노력할 것이기 때문입니다.

그러므로 인간에게 도덕적 생활을 가능하게 하기 위해서는, 또는 인간에게 도덕을 행하라고 요구하기 위해서는 모든 개인 개인의 마음속과 그 행동을 빠짐없이 살피고 그에 합당한 상과 벌을 내릴 수 있는 전지전능한 하나님이 존재해야 합니다. 신이 존재하는지 않는지 우리가 이론적으로 알 수는 없지만, 인간의 도덕을 위해서는 신이 존재해야 한다는 것이지요. 다시 말해 신의 존재가 요청된다는 것입니다.

이처럼 실천이성에 의하여 영혼불멸과 신의 존재가 확실하게 증명되었습니다. 그리고 이러한 개념은 순수이성이 아니라, 실천이성에 의해 비로소 드러날 수 있었고요. 바로 여기에 이론이성에 대한 실천이성의 우위(優位)가 있는 것인데요. 왜냐하면, 적어도 순수이성보다는 실천이성의 영역이 훨씬 더 넓어졌기 때문입니다.

칸트 윤리학에 대한 평가 – 인간 존재를 드높임

칸트는 참으로 격동의 시대를 살았습니다. '질풍노도 시대'를 대표하는 괴테의 소설《젊은 베르테르의 슬픔》(1774년)이 세상에 나오고, 프랑스 대혁명에 이어 나폴레옹이 등장하는 장면까지 지켜보았지요. 철학에 있어서는 전통적으로 내려오는 신과 영혼불멸, 의지의 자유를 부정하는 유물론, 경험론, 공리주의 등이 나타나 사람들의 마음을 흔들어 놓았고요. 당시 전통적 가치들을 보존하고 싶어 했던 많은 사람들은 밀물처럼 다가오는 새로운 풍조들, 그 경박한 철

질풍노도 시대 18세기 후반 독일의 문학운동. 청년 괴테와 헤르더, 실러 등이 이에 속해 있다. 이들은 감정과 상상력, 개성의 해방을 추구했다.

학에 위기감을 느끼고 있었는데요. 바로 이때 구원투수처럼, 혜성처럼 화려하게 등장한 사람이 칸트입니다.

칸트는 우리에게 신, 영혼 불멸, 정의, 자유의 존재를 믿을 권리가 있다고 말합니다. 단, 그것은 형이상학적인 필요 때문이 아니라, 현실적인 즉 도덕적인 필요 때문이라는 것이지요. 이렇게 주장함으로써, 칸트는 우리 인간 존재를 한층 더 드높일 수 있다고 믿었던 것 같습니다.

과연 인간 존재가 무엇일까요? 유물론에서는 사람 역시 물질적 존재로서, 단백질의 합성체이자 섹스의 산물이라고 주장합니다. 살아 있을 때에는 동물처럼 본능과 욕구에 따라 살다가 죽어서는 무(無)로 돌아간다고, 그러므로 사후(死後)의 세계는 있을 수 없다고 말합니다. 여러분은 여기에 동의하시나요? 우리 인간이 땅위를 기어가는 벌레나 짐승처럼 눈앞의 먹이에만 집중하며, 하루살이처럼 미래의 기약도 없이 그렇게 아등바등하며 살아가도 된다고 여기시나요? 하늘을 향해 고개를 쳐들고, 가슴을 활짝 펴며 당당하게 살아가야 하지 않을까요? 발은 비록 땅에 딛고 살지만, 마음만은 저 높은 곳으로 향해야 하지 않을까요? 이렇게, 칸트는 묻고 있는 것입니다.

기독교적 신앙교육의 영향

물론 칸트의 반대편에 선 사람들은 "칸트가 앞문에서 신을 내쫓고, 뒷문으로 들어오게 하였다"고 비난하기도 합니다. 아마 이것은 《순수 이성 비판》에서 신을 '알 수 없는 세계'(물자체계, 혹은 예지계)에 속한 것으로 물리친 다음, 《실천 이성 비판》에서 도덕을 위해 다시 신을 불러들인 사실을 지적한 것으로 보입니다. 하지만 당시의 자연과학적 성과를 무시할 수 없었던 칸트로서는 신과 영혼불멸을 전통적인 방식대로 '무조건 존재하는 것'으로 단정할 수는 없었겠지요. 그래서 잠시 돌아가는 길을 선택하였고, 그것이 바로 《순수 이성 비판》에서 신과 영혼불멸을 뒤로 미뤄두었다가 다시 불러들인 이유라고 봅니다.

여기에서 우리는 칸트 자신의 철학적 한계도 동시에 발견하게 되는데요. 어쩌면 어린 시절부터 부모님으로부터 받아온 기독교적 신앙 교육의 영향력이, 매우 합리적인 그의 기질마저 제압해버린 결과가 아닐까 추측된다는 것이지요. 자연과학에 대한 조예가 깊고 합리주의의 '세례'도 받았음직한 그가 정언명법이니, 선의지니, 의무니 하는 개념들을 들고 나온 것은 기독교의 영향을 보여주고 있는 대목이 아닌가 여겨진다는 뜻입니다. 물론 칸트가 이곳저곳에서 '이성'을 들먹이고 있다는 점에서, 당시 계몽사상의 흔적을 찾아볼 수도 있지만 말입니다.

4

칸트의 다른 저서들

《판단력 비판》, 이론이성과 실천이성, 자연법칙과 자유의 조화

칸트는 인간의 세 가지 기본능력 가운데 인식과 행동에 관한 문제만 다루었을 뿐, 나머지 감정이나 환상과 같은 인간 능력은 아직 논의하지 못하고 있습니다. 여기에서 감정의 세계를 주제로 한 제3 비판서로서, 《판단력 비판》이 나오는데요. 따라서 《판단력 비판》은 3대 비판서 가운데, 제일 나중에 나온 저서에 해당합니다.

사실 《순수 이성 비판》《실천 이성 비판》《판단력 비판》 등 칸트의 3대 비판서는 모두 "인간이란 무엇인가?"에 대한 답변서로 볼 수 있습니다. 제1비판서는 "인간은 무엇을 알 수 있는가?"에 대한 답변이고, 제2 비판서는 "인간은 무엇을 행해야만 하는가?", 그리고 이 제3 비판서는 "인간은 무엇을 바라도 좋은가?"에 대한 답변서인 셈이지요. 인식에 관한 한, 칸트의 대답은 "우리는 사물 그 자체는 알 수가 없고, 오직 현상만을 알 수 있을 뿐"이라고 하는 것이었습니다. 행위에 관해 칸트는 "인간은 오직 이성 스스로의 명령에 따르는 행위만이 진정으로 자율적인 행위"라고 말합니다. 그리고 그런 한에 있어서, 인간은 완전히 자율적이고도 인격적인 존재가 된다고 보는 것이지요. 마지막으로, 인간이 바랄 수 있는 바는 "이 세계가 아름답고 조화로운, 합목적적인 질서를 가진 세계가 되는 것"이라고, 칸트는 주장합니다.

앞의 두 비판서를 통해 우리는 인간이 두 세계에 속해 있는 존재임을 알게 되었습니다. 인간은 자연 법칙이 지배하는 현상(現象)의 세계와 자유의 인과성이 지배하는 물 자체(物 自體)의 세계라고 하는, 두 왕국의 시민인 것이지요. 바로 이 점을 의식한 칸트가 자연과 자유 사이에 놓인 커다란 간격을 메우고자 쓴 책이 바로 《판단력 비판》입니다. 다시 말해 엄밀한 과학 법칙이 적용되는 감성 세계와 도덕 법칙이 적용되는 초감성계 사이를 중개하기 위해 쓴 책이, 바로 《판단력 비판》이라는 뜻이지요.

피자의 맛과 모나리자의 감동

그런데 이 중개의 원리란 다름 아닌, 바로 합목적성입니다. 그렇다면, 합목적성(合目的性)이 무엇일까요? "어떤 하나의 목적을 향해

진보해나간다"는 뜻의 이 합목적성은 생물계와 사회 조직, 인간의 활동 등 많은 분야에서 찾아볼 수 있습니다. 기독교 신학에서는 '우리 눈앞에 펼쳐지는, 자연이나 생명체의 기묘한 합목적성'을 들어, 하나님의 존재를 증명하는 데 이용하기도 하지요. 어떻든, 이 합목적성의 원리에 따라 고찰되는 학문은 두 가지인데요. 그 가운데 하나가 바로 미학이며, 다른 하나는 목적론입니다.

첫째, 미학적(美學的) 판단력의 경우를 살펴보도록 하지요. 우리의 모든 감정은 쾌, 불쾌라는 두 가지 모습으로 나타납니다. 어떤 대상이 우리의 내적인 욕구와 일치하면, 쾌감이 따르고요. 그 욕구가 채워지지 않으면, 불쾌감이 따르지요. 만약 내가 피자나 치킨 등 내 입맛에 맞는 음식을 먹으면서 쾌감을 느낀다면, 그 음식은 나의 욕구와 들어맞는다고 말할 수 있겠지요? 즉, 합목적적이라는 뜻입니다. 물론, 이 경우에 나는 그 음식물이 누구의 입맛에나 다 맞는다고 주장할 수 있는 것은 아닙니다. 나의 부모님은 이런 음식보다 차라리 담백한 채식을 즐길 수 있기 때문이지요.

그러나 예를 들어, 내가 **모나리자 그림**이나 미켈란젤로의 조각상을 보면서 아름답다고 생각할 때에는, 그 똑같은 대상이 다른 사람에게도 똑같은 정도의 호감을 안겨줄 것이 틀림없다고 말할 수 있

모나리자 그림 레오나르도 다빈치가 피렌체의 부호 프란체스코 델 조콘다를 위하여, 그 부인을 그린 초상화. 눈썹이 없는 것으로 유명하며, '모나리자의 미소'는 보는 사람에게 신비감마저 느끼게 한다.

습니다. 이와 같이, 우리가 어떤 대상을 보고 아름답다고 느끼는 것은 음식에서처럼, 그 대상이 우리의 욕구를 충족시켜주기 때문이 아니고요. 주관과의 관계 속에서 그 대상의 형식이 우리의 능력(판단력)에 대하여 적합한 상태에 있음으로 해서, 미(美)의 감정이 생겨난 결과라는 말입니다.

합목적성 안에서 하나가 되다

이처럼 인간과 인간의 취미가 드러나면 주관적인 것이 되고, 자연과 그 질서가 문제 삼아질 때에는 객관적이 된다고 칸트는 주장합니다. 여기에서 둘째, 목적론적 판단력이 등장하는데요. 이 경우에는 미학적 판단력과는 달리, 우리의 감정이 객관적이 됩니다. 가령, 내가 어떤 유기체의 합목적적 구조를 바라보면서 느끼는 만족감은 다만 감정의 차원에만 그치지 않거든요. 모두 아다 시피, 생명체 가운데에는 신비한 위장술을 가진 것들이 적지 않은데요.

예를 들어, 주변 환경과 비슷한 색을 가져 눈에 띄지 않게 하는 보호색의 경우가 있고, 주변 환경에 생김새를 맞추는 의태(擬態)가 있습니다.

전자의 경우로는 나방의 유충이나 들꿩의 깃털 색을 들 수 있는데요. 나방의 유충은 대부분 녹색이어서, 푸른 잎에 있으면 눈에 잘 띄지 않고, 들꿩의 깃털 색은 여름에는 다갈색(조금 검은빛을 띤 갈색)으로, 겨울에는 흰색으로 변합니다. 그렇게 해서 스스로를 보호하는 것입니다.

후자의 경우, 즉 의태란 동물이 몸을 보호하거나 혹은 다른 먹잇감을 쉽게 사냥하기 위해서, 주위의 물체나 다른 동물과 매우 비슷한 모양을 취하는 경우를 가리키는데요. 그 유명한 예로서는, 곤충 가운데 작은 나뭇가지와 비슷한 대벌레나 자 나방의 유충, 작은 돌과 비슷한 메뚜기 등이 있지요. 이러한 의태에 의해서 동물은 포식자의 눈을 피하여, 힘들이지 않고 먹이에 접근할 수 있는 것입니다.

그렇다면 칸트가 여기(목적론적 판단력)에서 주장하고자 하는 것은 무엇일까요? 그것은 우리가 자연에 존재하는 모든 것들을 목적론적 차원에서 바라볼 수 있다는 것입니다. 예를 들어, 우리 눈앞에 놓여있는 책상이 나무로 만들어졌다고 하는 것은 기계론적 설명이고, 책을 읽기 위해 만들어졌다고 하는 것은 목적론적 설명이거든요. 그런데 이를 좀 더 넓혀서, 이 세계에 존재하는 모든 것들이 어떤 하나의 목적을 위해 만들어졌고, 그 목적을 향해 나아가고 있다고 주장하는 것이 바로 목적론적 판단력인 것입니다.

칸트는 이 대목에서 유기체를 예로 드는데요. 돌멩이와 같은 무기물(無機物)과 달리, 생명체란 결코 전체를 떠나서 부분만을 생각할 수 없지 않아요? 유기체의 각 기관(器官)은 유기체 전체를 바탕으로 해서만, 존재의 의미를 찾을 수 있다는 거지요. 가령 우리의 눈이나 코, 입은 우리 몸 전체를 떠나 따로 생각할 수 없겠지요? 나의 팔이나 다리가 나의 육체 밖에 따로 존재한다는 것을, 우리는 도저히 상상할 수 없습니다.

여기에서 우리가 주목해야 할 점은 유기체들이 마치 일정한 목적을 향해 움직이는 것처럼 보이면서도, 결코 자연 법칙을 벗어나지 않는다는 사실입니다. 우리 신체의 각 부분은 하나의 생명체 안에 존재하지요. 하지만 그렇다고 하여, 그것들이 만유인력의 법칙을 벗어난다거나 중력을 이겨내는 일은 결코 있을 수 없거든요. 유기체에서 보듯이, 자연은 어디까지나 필연적 법칙에 따라 움직이지만, 동시에 그것은 하나의 목적을 향하여 나아가기도 합니다. 이처럼 현상계와 물자체계, 자연법칙과 자유의 인과성 사이의 대립은 자연의 합목적성 가운데서 통일되어 조화를 이루지요. 따라서 《판단력 비판》은 제1 비판서인 《순수 이성 비판》과 제2 비판서인 《실천 이성 비판》에서 생겨난 간격을, 훌륭하게 메우고 있다고 평가할 수 있겠습니다.

《이성의 한계 안에서의 종교》, 이성의 검증을 받아야 한다

《이성의 한계 안에서의 종교》가 처음 출판되어 나왔을 때, 당국에서는 경고를 보냈습니다. 당시 독일(프러시아)의 당국자들이 바라보는 기독교와 칸트가 생각하는 기독교가 많이 달랐기 때문이지요. 일찍이 칸트는 그의 시대를 '비판의 시대'로 규정하였지요. 그리하여 종교문제 또한 비판을 견디어낼 수 있을 때에만, 그 가치가 인정받을 수 있다고 주장하였습니다.

"현대는 참으로 비판의 시대이며, 모든 것은 비판에 복종하지 않으면 안 된다. 종교는 그것이 신성함으로써, 입법은 그것이 엄숙함으로써 흔히 비판을 벗어나려고 한다. 그러나 그렇게 되면 그것들은 당연히 혐오감을 일으키는 것이요, 이성이 자유스럽고 공정한 검증을 견디어내는 것에게만 허용하는 참다운 존경을 요구할 수 없게 된다."

-《순수 이성 비판》의 서문 중에서

칸트에게는 오직 이성의 검증을 견디어낸 종교만이 참다운 종교였습니다. 이 기준에서 기독교 역시 벗어날 수 없다고 보았던 것이고요. 하지만 당시가 어떤 시대입니까? 기독교가 사회의 모든 분야에 절대적인 영향력을 발휘하고 있던 시대 아닙니까? 이러한 때에 그 존엄한 종교마저도 인간 이성의 검증을 받아야 한다고 주장하고 있으니, 당국자들의 심기가 불편했을 것은 당연하지요. 그렇다면 왜 칸트는 그러한 위험을 감수하면서까지 주장을 굽히지 않았을까요?

종교보다 도덕이 우선이다

칸트는《순수 이성 비판》에서 신, 즉 하나님의 존재를 한쪽으로 밀어두었지요. 그랬다가《실천 이성 비판》에 들어와 다시 불러들입니다. 도덕(행동)의 측면을 통하여, 새로이 종교를 확립시키고자 했던 것이지요. 결국 칸트에서는 종교가 도덕으로 바뀌어 버립니다.

보통 종교를 믿는 사람들은 도덕보다 종교를 우위에 놓지 않나요? 도덕적인 명령은 지키지 않아도, 각자의 종교에서 요구하는 계명은 지키려고 애를 씁니다. 왜냐하면 그것은 아마 종교적 계율을 어겼을 때 느끼는 그 양심의 가책 혹은 공포감이, 도덕적 명령을 어겼을 때 받는 가책(혹은 공포감)보다 훨씬 더 크기 때문이 아닐까 생각됩니다.

예를 들어 도덕 시간에 선생님이 "거짓말하지 말라!"라고 가르쳤을 때와 교회에서 "거짓말하지 말라"는 십계명을 외울 때와는, 그 받는 심리적 압박감이 다르다는 뜻이지요.

하지만 칸트의 경우는 정반대입니다. 종교보다도 도덕을 더 높은 자리에 놓은 거지요. 칸트에게 종교는 도덕의 기초 위에서 생겨난 것이며, 그 과제는 도덕을 촉진시키는 데에만 있습니다. 종교는 도덕적 의무를 신의 명령, 즉 계명(誡命)으로 보아야 한다고 가르치는 데 애를 써야 합니다.

하지만 중요한 것은 그가 종교를 도덕을 위한 하나의 도구로 간주했다는 사실이지요. 칸트에 있어서는 어디까지나 도덕이 우선이고, 종교란 도덕적 교훈을 강화하기 위한 도구에 불과합니다. 따라서 종교는 도덕의 아래에 들어가야 할, 어떤 것에 지나지 않았던 것이지요.

3장_명저 《순수 이성 비판》의 탄생

참 종교와 거짓종교

이러한 맥락에서 모든 종교는 도덕적 이성에 의해 검증을 받아야 하며, 그럼으로써 참 종교와 거짓종교가 판가름 난다고, 칸트는 말합니다. 그의 종교론의 제목인 《이성의 한계 안에서의 종교》란 바로 이것을 염두에 둔 것입니다. 이론이성의 한계를 벗어나지 않는 범위 안에서, 오직 이성의 검증을 통하여 참되다고 판정된 것만을 참된 종교로서 간주해야 한다는 뜻이지요.

그러므로 칸트에게 신이란, 그 스스로 존재한다거나 이 세상을 창조하고 섭리해나가는 절대자가 아닙니다. 그것은 인간의 이성에 의해 '도출'된 것이고 '요청'된 것이지요. 인간의 논리법칙에 의해 이끌려져 나온 어떤 것에 지나지 않습니다. 예수에 대해서도, 하나의 이상(理想)으로서만 간주합니다. 그럼으로써 '육과 살을 가진 하나의 인간이면서, 동시에 하나님'이라고 하는 기독교적 (예수) 그리스도 관과 커다란 차이를 보이고 있는 것이지요.

물론 칸트는 역사상 나타난 모든 종교 가운데 기독교만이 도덕적 완성을 이룩한 유일한 종교라고 말합니다. 왜 그랬을까요? 기독교만이 인간에게 도덕적 노력을 강조하기 때문이랍니다. 예컨대 운명론자들은 모든 것을 운명이나 팔자 탓으로 돌립니다. 우상을 만들고 미신을 숭배하는 사람들은 그 우상의 비위를 맞추려 하지요. 그래서 무언가 물질을 바치면서 재앙으로부터 벗어나기를 간구하지요.

반면에 "어떠한 실패나 좌절, 순간적인 실수나 죄악에도 불구하고, 끊임없이 회개하면서 보다 나은 삶을 위해 노력해나가야 한다"고 하는 성경의 가르침이야말로 진정 도덕적이라고, 칸트는 주장합니다. 왜냐하면, 도덕이란 어떤 가능성을 인간에게 제시하고, 이 땅에 사는 동안 그것을 향해 꾸준히 노력해가도록 독려하는 것에 다름 아니기 때문이지요.

권력과의 충돌

칸트가 탁월한 계몽군주로 숭상하였던 프리드리히 대왕이 죽고 그의 조카가 그 자리를 차지하였을 때, 한 사건이 일어납니다. 칸트의 조용하고 평온한 생애 가운데, 거의 유일한 사건이었지요. 과연 그 사건이 무엇일까요? 그것은 새로 왕위에 오른 프리드리히 빌헬름 2세와 칸트가 정면으로 충돌한 일입니다.

프리드리히 2세는 매우 어리석은데다 품행에도 문제가 있어, 사람들의 빈축을 샀다고 합니다. 대단히 보수적인 군주로서 프랑스혁명에 반감을 품고 있던 그는 프랑스와의 전쟁에서 패배하여 라인 강 서쪽의 영토를 잃어버리기도 했는데요. 계몽주의를 아주 싫어하였던 이 왕의 아래에는 뵈르너 장관이 자리하고 있었는데, 매우 고루한 인물이어서 문화예술에 대한 검열제도를 강화하기 시작하였습니다. 바로 이 지점에서, 자유를 설파하는 대사상가 칸트와 반동적인 베를린 정부 사이에 알력이 생겨나기 시작한 것이지요.

이 무렵(1792년 4월) 마침 칸트는 〈근본악에 대하여〉라고 하는 종교논문을, 베를린 월간지에 실었습니다. 이때 검열관 힐머는 일정한 조건을 걸어 마지못해 게재를 허용합니다. 그러나 칸트가 제2의 논문인 〈선의 원리와 악의 원리와의 싸움에 관하여〉를 같은 잡지에 실으려 하자, 드디어 제동을 걸고 나섭니다. 그러자 1793년 칸트는 앞의 두 논문과 다른 두 논문을 합하여 《이성의 한계 안에서의 종교》라는 책을 예나 대학에서 출간하기에 이르지요.

이를 더는 두고 볼 수 없었던지 1794년 10월 뷔르너는 칙령을 통하여 "칸트는 이후로부터 종교에 대해, 어떠한 강의나 저술활동을 해서는 안 된다"고 경고합니다. 그 이유로 "이번 칸트의 저서가 도덕학 교수로서의 의무에 반하고, 국가의 의지를 고려하지 않은 폭행이기 때문"임을 들고 있습니다.

이에 당시 70세에 이른 칸트는 이렇게 말합니다.

"자기 내면의 확신을 취소한다든가 부인한다는 것은 부끄러워해야 할 일이다. 그러나 오늘날과 같은 때에, 침묵을 지킨다는 것은 신하의 의무이기도 하다. ……나는 이후 종교에 대해, 비록 자연종교이건 계시종교이건 간에 모든 공적인 강연을, 강의이든 책이든 언급하지 않을 것이다."

당시 세계적인 철학자의 반열에까지 오른 칸트가 한 나라의 권력 앞에 꼬리를 내린 걸까요? 그건 아니라고 봅니다. 아마 그는 세상의 권력자, 한 국가의 통치자에게 복종하는 것 역시 인간으로서의 한 가지 의무라 간주했던 것 같습니다. 어디까지나 자기 자신의 판단에 따라, 자율적인 의지의 자유로 기꺼이 따랐을 뿐이라는 이야기지요.

이 대목에서, 우리는 '오늘날과 같은 때'라는 단어에 주의를 기울일 필요가 있다고 봅니다. 왜냐하면, 칸트는 3년쯤 후인 1797년 11월(왕이 죽고 비교적 관대한 프리드리히 빌헬름 3세가 왕위에 오른 후, 뵈르너가 면직되고 칙령이 폐지되었을 때), 종교에 대한 주장을 거리낌 없이 펴기 시작했기 때문입니다.

기독교와 다른 칸트의 가치관

기독교를 가장 도덕적인 종교라고 부른 칸트가 왜 이런 일을 당해야 했을까요? 우선 생각할 수 있는 것은, 기독교에서 주장하는 예수와 칸트가 바라보는 예수가 서로 다르다는 점입니다. 기독교에서는 예수를 '하나님의 아들이자 살아있는 하나님 그 자체', 혹은 구세주로 간주합니다. 그러나 칸트는 예수를 역사적인 인물로 인정하지 않습니다. 그저 도덕적인 원리를 인격화한, 이념일 뿐이라는 것이지요.

또 하나의 차이점은 계시나 은총, 기적을 바라보는 시각입니다. 기독교에서는 사람의 지혜로서는 도저히 알 수 없는 진리, 즉 하나님이 직접 가르쳐 알게 하는 계시(啓示)가 있다고 주장합니다. 사람에게 주는 하나님의 특별한 은혜와 사랑, 즉 은총(恩寵)에 대해서도 이야기를 하지요. 또 예수가 물위를 걷고, 죽은 지 4일이나 된 나사로를 살려내고, 떡 다섯 덩이와 물고기 두 마리로 5천 명을 먹인 일 (이른바 '오병이어'의 기적), 죽은 지 3일 만에 다시 살아난 예수 등과 같은 기적이 실제로 존재한다고 말합니다. 그런데 이러한 주장들이 지극히 합리적인 칸트에게 먹혀들 리가 없거든요.

칸트 입장에서는 그렇게 맹목적으로 신을 믿고 의지하기보다는, 인간의 자유에 바탕을 둔 도덕적인 행위에 더 힘을 쏟아야 할 것으로 여겨졌던 것입니다. 바로 이것이 기독교와 화해할 수 없는 충돌의 원인이 되었던 것이지요. 전지전능하신 하나님 앞에서 자신의 한계를 고백하는 죄인으로서의 인간이 아니라, 건전한 이성을 가진 인격체로서의 위치로까지 인간을 끌어올리고자 하였다는 점, 그리하여 결국 인간의 나약성과 비참함보다는 그 존재의 숭고함을 확보하고자 하였던 칸트의 휴머니즘이 양쪽의 충돌을 일으킨 근본 원인이었던 것입니다.

《교육학 강의》, 책 한 권이 가져다 준 충격

칸트는 어린 시절부터 중학교 때까지, 신앙심이 깊은 어머니와 신학자 슐츠의 영향을 많이 받았습니다. 대학에서는 자연과학과 수학에 흥미를 느꼈고요. 그러나 1760년대에 이르러, 당시 문필가로 이름을 떨치던 루소의 책을 즐겨 읽게 됩니다. 특히 "인간은 태어나면서부터 자유이다"라고 주장한 루소와 마찬가지로, 인간의 타고

난 자유는 칸트의 변함없는 신념이기도 했지요. 또한 "본래 착했던 인간의 심성(心性)이 문명에 의해 황폐화되었고, 그에 따라 적은 수의 특권계급이 많은 사람을 짓누르게 되었다"는 루소의 주장은 칸트를 매료시키기에 충분했습니다. "자연으로 돌아가라!"는 한 마디로 정리되는 루소의 영향을 받아, 칸트 역시 자유를 사랑하고 구속을 싫어하였습니다. 이 때문에 칸트는 프랑스 혁명에 대해 그토록 커다란 관심을 가졌고, 미국 독립(1776년 7월 4일, 당시 영국의 식민지 상태에 있던 미국의 13개 주가 모여, 독립을 선언했다)에 대해서도 특별한 애정을 나타냈던 것인지도 모르지요.

그러나 무엇보다 루소가 칸트에게 준 가장 큰 영향은 그때까지 자연계로 향해 있던 칸트의 눈을, 인간성 존중에게로 돌리게 한 점일 것입니다. 이와 관련하여, 칸트가 루소의 교육소설《에밀》을 열중하여 읽다가, 시계바늘처럼 어김없던 그의 일과를 어기고 말았다는 에피소드는 너무나 유명하지요.

《에밀》은 1762년 간행된 루소의 교육론으로서, 모두 5권으로 되어 있습니다. 제1권은 5·6세까지, 제2권은 12세까지, 제3권은 15세까지, 제4편은 20세까지, 제5권은 결혼까지에 대해 기술하고 있는데요. 즉, 주인공 '에밀'이 태어날 때부터 결혼할 때까지의 성장과정을 묘사하고 있거든요. 한 인간이 타고난 소질을 보존하면서, 성장하는 시기에 따라 어떻게 몸과 마음의 발달을 꾀하고, 사회생활에 대비하며 어떻게 행복한 인생을 추구할 것인가를 보여주고 있습니다. 칸트가 이 《에밀》에게서 받은 충격이 얼마나 컸는지는, 그 책이 나온 지 2년 후 〈미와 숭고의 감정에 관한 고찰〉을 위한 각서에 분명히 나타나 있습니다.

"나는 본래 학자가 되고 싶었다. 인식에 대한 갈망이 나에게 있었다. 나에게는 인식에 있어서 진보하고 싶다는 탐욕스러운 마음설렘과, 한걸음씩 전진할 때마다 느끼는 강한 만족감이 있었다. 이런 모든 것은 인류의 영광일 수도 있다고, 나는 믿고 있었다. 나는 무식한 천민(賤民)을 경멸하고 있었던 것이다. 그런데 루소가이러한 나를 바로잡아 주었다. 그러한 환상 같은 특권의식은 이제 없어지게 되었다. 나는 인간을 존경하는 법을 배웠다. 그리고인류의 권리를 확립하려고 하는 이러한 관점이 다른 모든 사람에게 가치 있는 일이 되지 못한다면, 나는 자신을 보통의 노동자보다도 훨씬 쓸모없는 자라고 보아야 마땅할 것이다."

이러한 반성의 토대 위에서, 칸트는 인간에 대한 보다 깊은 성찰을 시작합니다. 인간의 가치는 많이 아는 데에 있지 않다는 것이지요. 인간의 가치는 인간에 대한 존중심, 또는 자기 자신을 스스로 부끄러워할 줄 아는 사람으로 되어가는 데 있음을 칸트는 깨달았던 것입니다. 이밖에 칸트가 루소로부터 받은 영향은 저서 《교육학 강의》에서 다음과 같은 구절로 나타납니다.

"자연이 어린이에게 정해준 음식은 모유(母乳)이기 때문에, 어머니가 병들지 않는 한 어머니는 자기의 젖을 먹여야 한다. 옛날에는 출산 후 처음 나오는 젖(초유)은 해롭다 하여 버리고, 그 뒤에 나오는 젖을 먹여야 한다고 믿었다. 그런데 루소는 자연이 도모하는 일에는 무리가 없으니, 이 최초의 젖은 어린이에게도 유익할 것이라고 주장하였다. 결국 이 젖은 갓 낳은 아기의 몸속에 있는 태변(胎便, 끈끈하고 밀도가 높은 똥)을 잘 제거하여 주며, 다른 모든 것에도 유익하다고 하는 사실이 실제로도 증명되었다. 그리하여 루소는 의사들이 스스로의 잘못을 깨닫도록 만든 최초의 인물이 되었다."

당시 유럽의 상류사회에서는 젖먹이 아기를 유모에게 맡겨버리는 풍습이 있었다고 하지요? 그런데 바로 이 루소에 의해, 직접 어머니가 자신의 젖을 아이에게 먹이는 일이 중요하다는 사실을 깨닫게 된 것입니다.

스스로 걷게 하라

칸트에 의하면, 교육에서는 낮은 단계로부터 높은 단계로 차근차근 올라가야 하며, 무엇보다도 학생들의 능력에 맞게 지도해야 합니다. 높은 수준의 학생에게만 이해될 수 있는 것을, 오성(인간 인식)의 성숙을 기다리지도 않고 청소년들에게 그대로 가르치는 것은 옳은 일이 아니라는 것이지요. 만일 급한 마음으로 반드시 거쳐야 할 과정들을 생략하면 "소화되지 못한 채로 삼킨 남의 학문"을 코에 걸고서 지혜의 망상에 빠져들게 되고 말 것이라고, 칸트는 경고하고 있습니다. 그리하여 충분한 오성(상식)을 갖지 못한 학생들을 많이 만들어내는 대학은 벽창호(고집이 세고 완고하고 우둔하여, 말이 도무지 통하지 아니하는 무뚝뚝한 사람)를 대량 생산해내는 공장이 되기도 한다는 것이지요.

칸트는 학생들 스스로 생각하고, 스스로의 판단에 따라 행동하도록 하는 것을 교육의 이상으로 간주했습니다. 이 역시 루소의 영향인 것 같은데요. 루소는《에밀》에서 이렇게 말하고 있거든요.

"어린이는 자유롭게, 오직 자기의 소질에 따라서 항상 자기의 감정에 충실하게, 그리고 아주 자연스럽게 성장해야 한다. 이를 위해 모든 반(反) 자연, 이른바 관습과 규칙 등은 거부해도 좋다. 기독교의 원죄설마저 거부할 수 있다. 교육은 어디까지나 소극적인 역할을 하는 데 그쳐야 하며, 그 과제는 인간의 정상적 발달을 방해하는 모든 사회생활의 영향을 없애는 데 있다."

학생들이 밖에서 주어지는 어떠한 관습이나 제도, 편견으로부터도 해방되어야 한다는 말이지요. 심지어 당시 사회의 금기사항에 속했던 기독교의 교리마저 거부할 수 있어야 한다고 주장했으니, 참으로 놀랄만한 주장이 아닐 수 없습니다.

칸트가 이러한 루소의 자유주의 교육 사상에 영향을 받은 것은 분명해보입니다. 하지만 그 배경에는 "학생은 이미 세상에 나와 있는 사상(Gedanken)을 배울 것이 아니라, 스스로 사고하는 것(denken)을 배워야 한다"는 칸트 자신의 평소 철학적 신조도 깔려있다고 볼 수 있거든요. 이와 관련하여, 칸트는 "그를 장차 자신의 힘으로 걷도록 만들고 싶으면, 그를 업어줄 것이 아니라 인도해주어야 한다"라고 주장하고 있습니다.

《시령자의 꿈》, 예언자 스베덴보리

1764년의 어느 날, 쾨니히스베르크에 이상한 사람이 나타났습니다. 그는 여덟 살 쯤 되어 보이는 한 소년을 데리고 있었는데, 몸에는 산양의 가죽을 둘러썼으며, 소와 양, 산양 등의 무리에 둘러싸여 있었습니다. 한 손에는 성경을 들고서, 모여든 시민들에게 예언을 설파하기 시작하였습니다. 시민들은 이 자를 가리켜, '산양 예언자'라거나 '신 **디오게네스**'라고 불렀지요.

바로 이 사람, 스웨덴의 철학자이자 종교가인 스베덴보리(1688년~1772년)는 예언자 혹은 시령자(視靈者)로서, 세상을 깜짝 놀라게 하

디오게네스 그리스 견유학파(犬儒學派)의 대표적 철학자다. 가난하지만 부끄러움이 없는 자족생활을 실천한 인물로 알려져 있다. 일광욕을 하고 있을 때 알렉산드로스 대왕이 찾아와 소원을 묻자, "아무것도 필요 없으니, 햇빛이나 가리지 말아달라"고 부탁했다는 에피소드가 유명하다.

였는데요. 스톡홀름에서 태어난 그는 맨 처음 자연과학을 공부했는데, 과학적 인식의 한계를 초월한 여러 가지 비전을 보기 시작했답니다. 그리고 영(靈)이나 천사를 체험한 끝에 천국과 지옥, 사후(死後)의 세계에 대해 이야기함으로써, 당시 계몽주의 유럽에 큰 충격을 주었지요. 그는 뛰어난 심안(心眼, 마음의 눈)의 소유자로, 멀리 떨어진 사물을 볼 수 있었답니다. 뿐만 아니라, 신통술(神通術, 놀랍고도 신기한 기술)을 써서 저승 세계에도 출입하며, 혼백(魂魄)들과 대화를 나눌 수도 있었다고 하지요. 나아가 그는 교령 정신의 신비사상을 정리한 8권의 책까지 발간하였습니다.

그렇다면, 여기에서 말하는 교령(交靈)이 과연 무엇일까요? 교령이란 다른 말로 강령(降靈)이라고도 부를 수 있는데요. 원래 신이나 마령(魔靈)을 불러내어 자신이 목표하는 바를 이루거나, 영매(靈媒-영적인 존재와 인간을 매개하는 일)를 통하여 예언이나 경고를 말하도록 하는 것을 가리킵니다. 그러나 나중에 그 뜻이 바뀌어, 인간에게 해를 끼치는 흑(黑)마술과 구별된 백(白)마술이라는 뜻으로 사용되기도 했는데요. 흑마술이란 증오심에서 나오는 마술로서, 중세에 가장 비참한 결과를 가져온 것은 바로 **마녀사냥**이었습니다. 이와 반대로 백마술이란 천사나 선한 정령의 힘을 빌리는 마술로서, 좋은 뜻으로 행해지는 마술을 가리킵니다.

물론 이러한 마술이 언제, 어디에서나 일어날 수는 없었겠지요? 그래서 거짓으로 꾸미거나 조작하는 사건이 자주 일어났는데요. 18

세기 말의 어느 모임에서는, 어둠 속에 고대의 영웅이나 왕의 모습이 나타나 이야기를 하였답니다. 그러나 나중에 밝혀진 바에 따르면, 환등(幻燈, 일종의 조명 기구)과 복화술(腹話術, 입을 움직이지 않고, 이야기하는 화술)을 함께 이용한 속임수였습니다.

철학은 경험을 떠날 수 없다

어떻든 이 사람이 센세이션을 일으키고 다니자, 신중하고 용의주도한 성격의 칸트가 그냥 두고 볼 수는 없었겠지요? 그래서 본격적으로 이 사람에 대해 연구하기 시작하였습니다. 그리고 드디어 1766년《형이상학의 꿈에 의해서 해설된, 시령자의 꿈》이라는 저서를 통하여, "스베덴보리는 모든 시령자의 거물이며, 또 확실히 몽상가의 두목이다"라는 평가를 내렸습니다. 또 그가 쓴 8권의 저서에 대해서도, "무의미한 잠꼬대로 충만해 있다"고 혹평하였고요. 합리적인 두뇌를 가진 칸트로서 그의 행동이 실로 황당무계한 데다, 아

마녀사냥 본래 마녀(魔女)는 출산이나 질병치료 같은 의료 기능을 담당하거나, 점을 치고 묘약을 만드는 주술적 기능을 수행한 집단이었다. 그런데 어느 날, 악마와 놀아나면서 신앙을 해치고 공동체에 해악을 끼친다고, 낙인찍히기 시작했다. 기독교의 권력과 기득권을 유지하기 위해, 광신도적인 현상이 나타난 것이다. 14세기부터 불어 낙진 유럽의 '마녀사냥'은 17세기까지 대략 20만~50만 명의 사람들을 처형대에 올렸다. 마녀사냥은 극적이고 교훈적인 효과 덕분에 금방 번져나갔고, 사람들의 마음을 현혹시켰다. 백년전쟁에서 프랑스를 구한 영웅 잔 다르크 역시 마녀재판을 받고 처형당했다.

무런 가치도 없음을 벌써 간파하였던 것이지요. 칸트가 봤을 때, 그는 변태 성격자로서 일종의 미치광이에 지나지 않았던 것입니다.

그렇다고 하여 칸트가 심령의 존재나 영매(靈媒)의 현상 그 자체를 부정한 것은 아니었습니다. 그는 심령(心靈) 현상이 실제로 있을 수 있다는 점을 인정하고 있습니다. 예를 들어 멀리 떨어져있는 사람의 생각을 알 수도 있고, 예언이나 예지(叡智) 등의 천리안적 초능력을 가질 수도 있으며, 죽은 사람의 영혼과 교감할 수도 있다고 본 것이지요.

다만 칸트는 이처럼 비정상적인 체험을 정당화해서는 안 된다고, 판단하고 있었던 것입니다. 그래서 칸트는 "우리의 철학이 실제 경험과 무관한, 초월의 세계로 향해서는 안 된다"는 점을 강조하고 있습니다. "우리는 확고한 땅 위에 두 발을 딛고 공상의 유혹을 멀리 물리치는 대신, 경험 그 자체를 연구하지 않으면 안 된다"고 주장했던 것이지요.

《도덕 형이상학》, 프랑스혁명과 국제연맹의 법이론

칸트는 《도덕형이상학》 2부작에서, 법 이론과 윤리학을 나누어 고찰하고 있습니다. 칸트가 《실천 이성 비판》을 통하여 도덕 행위에 대한 일반 법칙을 제시한 것은 사실입니다. 그러나 그것이 각 사람 하나하나에 적용될 경우, 과연 어떤 결과가 나올 것인가도 중요하겠지요? 바로 이 부분을 다루고 있는 책이 《도덕형이상학》입니다.

우리들 각 사람 하나하나가 어떤 일을 행할 때, 밖에서부터 주어지는 강제적인 법도 고려해야겠지만, 우리 자신 안에서 일어나는 자발성도 중요하다고 봅니다.

예를 들어, 우리가 교통법규를 지키는 것은 그것을 어겼을 때 처벌을 받는다는 면도 고려하겠지만, 우리 스스로 그것을 지키고자 하는 마음도 있어야 하거든요. 여기에서 칸트는 이 두 가지 면, 즉 법과 도덕을 다루고 있는 것입니다.

그러면 먼저 법에 대해 알아보도록 할까요? 법률이란 어떤 한 사람의 자의(恣意, 제 멋대로 하는 생각)가 다른 사람의 자의와 일치되도록 하기 위해 존재하는 것이라 말할 수 있습니다. 예를 들어 내가 횡단보도 아닌 곳을 건너가고 싶을 때, 그것을 하지 못하도록 밖에서 강제하는 것이 법인데요. 바로 그 법이 나와 다른 사람의 자의를 조정하고 있는 셈이 되는 것이지요. 또한 이러한 법률에 의하여 많은 사람들이 서로 결합되어 있는 곳이 국가인 것입니다.

칸트 역시 프랑스의 계몽주의자 몽테스키외와 마찬가지로, 국가의 삼권 분립(국가 권력을 입법·행정·사법의 셋으로 나누어, 견제와 균형을 유지토록 하는 제도)을 주장하고 있습니다. 그러나 한 나라의 법이 일반적인 상식과 어긋날 때, 그때는 어떻게 해야 할까요? 이에 대해 백성들은 저항이나 혁명을 해서는 안 되고, 오직 군주만이 개혁에 손댈 수 있을 뿐이라고 칸트는 주장합니다. 그럼에도 불구하고, 칸트는 당대의 프랑스혁명에 대해서는 적극적으로 환영하였고요. 더욱이 혁명이 몰아온 공포와 비참한 결과를 보면서도, 끝까지 혁명에 대한 긍정적 평가를 바꾸지 않았습니다. 왜 그랬을까요?

프랑스 대혁명은 시대적 흐름을 읽지 못한 채 국가와 백성들 위에 군림하려는, 프랑스 왕들에 대한 반발심에서 일어났습니다. 1789년 7월 14일, 시민들은 바스티유 감옥을 습격하였고, 지방에서는 농민들이 지주(地主)에 맞서 봉기했지요. 이에 따라 봉건제도가 폐지되고, 구질서 또한 철폐되었습니다. 시민적 권리가 회복되었고, 루이 16세는 처형되었지요. 그러나 혁명의 선봉에 섰던 로베스피에르(자코뱅당의 지도자로, 왕정을 폐지하고 독재체제를 수립하여 공포정치를 시행) 역시 테르미도르의 반동에 의해, 루이 16세와 똑같은 운명을 맞이하게 되었으니. 그 자신 단두대(기요틴)의 이슬로 사라지고 말았던 것이지요.

이 혁명의 기운 속에서 또 한 명의 독재자가 자라나고 있었으니, 그가 바로 나폴레옹입니다. 그는 국민의 이름으로 정권을 잡은 후, 스스로 제1통령에서 종신통령이 되었고, 1804년에는 황제 자리에까지 올랐습니다.

1724년 출생인 칸트는 인생의 노년기(프랑스 혁명 기간은 1789년 ~1794년)에 이처럼 격렬한 역사적 소용돌이를, 바로 이웃나라 프랑스를 통하여 똑똑히 보았습니다. 그리고 나폴레옹이 황제의 관을 쓰던 1804년, 공교롭게도 칸트는 세상을 떠났습니다. 혁명의 과정에서 유럽의 여러 나라는 많은 전쟁을 치렀지요. 이 장면을 목도한 칸트로서는 나라와 나라 사이의 전쟁을 미리 방지하기 위한 어떤 철학이 나와야 한다고 여겼을지도 모릅니다.

칸트에 의하면, 나라와 나라 사이는 마치 무법(無法)상태의 야만인처럼, 본래 비(非)법률적인 상태에 있었습니다. 실제로 싸우고 있는 것은 아닐지라도, 전쟁과 똑같은 상태로 봐야 한다는 거지요. 그래서 서로 간에는 사회계약 사상에 따른 국제연맹이 필요한 상황이라고, 칸트는 판단했던 것이고요. 오늘날 유엔(UN)의 전신(前身)이랄 수 있는 **국제연맹**이 1920년에 설립되었으니, 이보다 100년도 훨씬 전에 칸트는 이미 이러한 국제기구의 필요성을 역설한 셈입니다.

칸트 역시 평화주의자로서 전쟁을 싫어하여 전쟁법에 대하여 특별한 관심을 나타내고 있는데요. 그에 의하면, 전쟁이란 살육과 약탈을 막아내는 한에 있어서만, 그리고 법에 의한 지배를 누릴 수 있다는 원칙 하에서만 허락되어야 한다고 했습니다. 그러므로 전쟁이 누군가에게 벌을 준다는 의미나, 상대방을 아주 없애버리거나 상대방 나라를 정복하기 위해 일어나서는 안 된다는 것이지요. 우리의

국제연맹 제1차 세계대전 후, 미국 대통령 윌슨이 제창하면서 창설 움직임이 표면화되었다. 전쟁의 비참한 경험을 두 번 다시 되풀이하지 않기 위하여, 국제평화와 안전을 유지하고 경제적 · 사회적 국제협력을 증진시킨다는 목적으로, 1920년 설립됐다. 본부는 스위스의 제네바. 그러나 제안국인 미국이 가맹하지 않았고 독일이나 소련도 당초 받아들여지지 않았기 때문에, 그 목적을 충분히 달성할 수 없었다. 제2차 세계대전의 발발과 함께 스스로 붕괴되었으나 1946년 국제연맹의 구조와 형식, 목적을 이어받은 국제연합(UN)이 탄생하였다.

양심은 이러한 전쟁 상태를 빨리 끝내도록 명령합니다.

따라서 모든 민족끼리 평화공동체를 만든다는 것은 인간애의 사상에서 비롯한다기보다, 하나의 법적 원리입니다. 왜냐하면, 우리의 실천적 이성 즉 양심은 "전쟁이 있어서는 안 된다"는 뜻을 분명히 나타내고 있기 때문이지요. 그러므로 영원한 평화의 상태가 현실적으로 가능하든 않든 간에, 우리는 끊임없이 그와 같은 방향으로 행동해야 합니다. 이처럼 영원한 평화를 정착시키는 일이야말로, 칸트 법이론의 궁극적인 목적이 되었던 것입니다.

칸트는 〈영구평화론〉이라는 논문에서, 평화를 유지하기 위한 법원리로서 6개의 예비조항과 3개의 결정사항을 제시하고 있는데요. 예비조항 중에는 "상비군(常備軍, 평상시에 편성·유지하고 있는 군대)을 점차로, 완전히 없애야 한다"는 것과 "어떠한 국가도 폭력으로 다른 나라의 체제나 정치형태에 간섭해서는 안 된다"는 것 등이 들어 있습니다. 그리고 결정조항에는 "모든 국가는 공화제(共和制, 여러 사람의 주권자가 통치하는 정치체제)를 따라야 하고, 국제법은 자유로운 모든 국가의 연맹을 토대로 해야 한다"는 것 등이 포함되어 있고요.

덕행론, 자신과 타인에 대한 의무

넓은 의미의 법 이론에 이어, 여기에서는 각 개인이 어떻게 살아야 할 것인지에 대한 논의가 이루어집니다. 윤리학을 다룬 그의 저서 《실천 이성 비판》에서는 '어떻게 하여 도덕이 성립하는가?'에 대해 그 근원을 따져 물었지요. 그런데 여기에서는 각 개인이 구체적으로 어떻게 행동해야 할 것인지를 밝히고 있는 것이지요. 칸트에 의하면, 인간에게는 먼저 자기 자신에 대한 의무가 있습니다.

첫째는 자기 보존의 의무인데요. 사람은 누구든지 자기 몸을 보호할 의무가 있습니다. 그러므로 스스로 목숨을 끊는 행위는 물론, 몸의 일부를 스스로 자르는 따위의 행동은 모두 범죄에 속하는 것이지요.

이와 비슷한 뜻으로 공자는 "신체발부(身體髮膚)는 수지부모(受之父母)라, 불감훼상(不敢毁傷)함이 효지시야(孝之始也)"라고 했습니다.

즉, "내 몸과 피부와 터럭은 부모에게서 받은 것이니, 감히 헐어 상하지 않게 하는 것이 효의 시작이니라"라는 뜻이지요.

그밖에 칸트는 우리가 어떤 특별한 기호품이나 식품을 지나치게 많이 먹고 마시거나 함부로 사용하여, 스스로 마취 상태에 빠지는 것 역시 범죄에 속한다고 보았어요.

둘째, 우리 모두는 진실성 또는 자존(自尊)의 태도를 지켜야 합니다. 거짓말을 하거나 핑계를 대는 일, 비굴함이나 실제보다 스스로를 낮추어 보는 일 등은 모두 피해야 하는 태도인 것이지요. 이를 역으로 적용해보면, 우리는 친구나 이웃에게 비굴을 강요한다거나 거짓을 말하도록 해서도 안 된다는 뜻이 되겠지요? 또한 우리는 탐욕과 같은 악덕도 피해야 합니다. 모든 일에 있어, 지나치게 욕심을 부리면 안 된다는 것이지요.

셋째는 양심에 대한 것인데요. 인간은 선천적으로 자기 자신에 대하여 판단할 수 있는 능력이 있는 바, 그것이 곧 양심에 대한 의무라는 것입니다. 우리가 어떤 일을 하고자 할 때, 스스로 양심의 가책을 느낄 때는 그것을 피해야 합니다. 예컨대, 남의 물건을 훔치거나 다른 사람 답안지를 베낀다거나 할 때, 우리는 스스로 양심의 가책을 느낍니다. 그러므로 이런 일들은 마땅히 해서는 안 되는 것이지요.

다음으로, 우리에게는 다른 사람에 대한 의무가 있습니다.

첫째, 사랑의 의무입니다. 우리는 나 아닌 다른 사람에게 자선과 감사, 동정을 베풀어야 합니다. 불쌍한 사람을 보면 돕고, 위기에 놓인 사람을 보면 구해내야 합니다. 교통사고를 당하여 길거리에 쓰러진 사람, 누군가에게 폭행을 당하는 사람이 있으면 마땅히 도와주어야 하는 것이지요. 또한 우리는 인간을 미워하는 마음과 질투, 배은(背恩, 은혜를 배반하는 일), 남의 불행을 기뻐하는 고약한 마음씨 등을 가져서는 안 됩니다. "사촌이 논을 사면 배가 아프다"는 말은 속담으로 그쳐야 합니다. 다른 사람이 잘되는 것을 축하해줄지언정, 시기하거나 질투해서는 안 되는 것이지요. 반대로 다른 사람이 불행한 일이나 슬픔을 당하면, 진심으로 슬퍼하며 위로해주어야 하는 거고요.

둘째, 존경의 의무입니다. 인간은 그가 무엇을 얼마나 많이 가졌느냐에 따라, 평가를 받아서는 안 됩니다. 인간은 수단이 아니라, 그 자체가 목적이기 때문이지요. 인간은 존재한다는 사실 하나만으로 존중받아 마땅합니다. 하나의 인격이 지니는 가치는 우주보다 넓고, 바다보다 깊기 때문입니다. 그러므로 우리는 남을 비방, 험담하거나 멸시해서는 안 되고, 무조건적으로 존경해야 합니다.

이밖에 칸트가 강조한 덕목에는 붙임성, 수다스러움, 공손함 또는 손님 접대와 같은 사교상의 예절 등이 있습니다. 처음 만난 사람에게도 웃으며 말을 건네고, 친절하게 안내하며, 불편하지 않도록 배려하고 대접할 의무가 우리 모두에게 있다는 것이지요.

★ 생각이 자라는 질문 ★

01. 칸트 철학이 어렵게 느껴지는 이유는 무엇일까요?

02. 칸트는 영혼불멸이나 신의 존재에 대해 이론적으로는 알 수 없다고 했습니다. 그렇다면 우리가 그것들에 대해 궁금해 하는 것은 잘못일까요?

03. 길거리에서 불량배에게 폭행당하는 사람을 본다면 여러분은 어떻게 하겠습니까?

Part 4
칸트 철학에
대한
평가

1

칸트 철학을 정리하면서

해박한 지식, 소박한 서재

칸트는 철학뿐 아니라 정치학, 경제학, 박물학, 수학, 물리학, 화학 등 모르는 분야가 거의 없을 정도로 깊이 있게 연구하였습니다. 고전에도 정통하였고, 라틴어에 대해서도 풍부한 실력을 갖추고 있었습니다.

그가 이토록 해박한 지식을 갖추게 된 까닭은 무엇보다 책을 많이 읽은 덕분이었습니다. 칸트는 다독가(多讀家, 글을 많이 읽는 사람)로서 여러 방면의 책을 읽었는데요. 그 가운데에는 여행기나 역사 그리고 자연과학 분야의 책들도 포함되어 있었습니다. 하지만 칸트에게도 한계는 있었던 모양입니다. 우선 그리스어는 몰랐고, 프랑스어는 읽기는 하되 직접 회화는 하지 못했습니다.

그렇다면 칸트가 갖고 있던 책은 얼마나 될까요? 놀랍게도 그가 남긴 책은 450권 내지 500권 정도에 지나지 않습니다. 다독가이지만 결코 장서가(藏書家, 책을 많이 간직하여 둔 사람)는 아니었던 셈이지요. 그 가운데 새로 나온 책은 대부분 저자로부터 선물 받은 것으로, 읽은 후에는 대개 친구들에게 빌려주곤 하였답니다. 우리가 칸트의 서재를 방문하였을 경우, 서가에 꽂혀 있는 헤아릴 수 없이 많은 책들에 압도당할 염려는 없었던 셈이지요.

한 방울의 땀까지

칸트는 서양철학의 역사상 가장 위대한 철학자로 불리고 있습니다. 그렇다면 과연 칸트는 스스로 자신의 철학을 완성했다고 자부했을까요? 이 물음에 답하기 위해, 앞에서 나왔던 칸트 자신의 대답을 다시 한 번 들어보도록 해야겠습니다. 74세 때인 1798년, 칸트가 한 철학자에게 보낸 편지에는 이런 내용이 들어 있습니다.

"나는 지금 철학의 모든 문제에 있어서, 총결산을 해야 할 때가 다가오고 있음을 느낍니다. 하지만 아직 완성을 보지 못한 상태네요. 그러면서도 스스로는 이 임무를 해낼 수 있다고 믿고 있으니, 다시 말해 절망적이라기보다 차라리 탄탈로스의 고통과 같은 것이 아닌가 여겨집니다……."

아무리 위대한 정신이라도, 아무리 뛰어난 두뇌를 가진 철학자라도 늙음과 죽음 앞에서는 어쩔 수 없겠지요. 그럼에도 중요한 것은 그가 얼마만큼 최선을 다해 자신에게 주어진 삶을 살아냈느냐 하는 것이 아닐까요? 이런 점에서 칸트는 위대한 인물임에 틀림없습니다. 그야말로 마지막 한 방울의 땀, 최후의 남은 힘 한 조각마저 오롯이 철학에 바쳤기 때문이지요.

1804년 2월 12일 새벽 1시 무렵, 물에 탄 포도주로 입술을 적신 칸트는 "Es ist gut(이것이 좋다)!"라는 말 한 마디를 남기고, 숨을 거두었습니다. 주어진 사명을 최선을 다해 감당한 인간의 숭고한 모습이, 이 장면에서도 여실히 드러나지 않습니까? 셸링이 애도사에서 예언했던 대로, 칸트의 위대한 모습은 지금까지와 마찬가지로 미래의 모든 철학세계를 통해 두루 빛날 것이라 믿습니다. 그의 사상이 서양 철학사 전체에서 커다란 전환점을 이루고 있다는 현실은 그 누구도 부인하지 않고 있으니까요.

칸트는 살아생전 힘이 닿는 대로 형제자매들을 도왔고, 죽어서도 적지 않은 재산을 유산으로 남겼습니다. 칸트가 남긴 모든 가구는 그가 사망한 후 경매에 붙여졌는데, 세계적 학자의 것이라 그런지 곧바로 팔렸다고 합니다. 고서(古書)에서 가구에 이르기까지 모두 높은 가격으로 팔렸다는 사실 하나만으로도, 칸트가 살아생전 이미 역사적 위인으로 널리 알려졌음을 증명해주는 것이 아닐까요?

2

칸트 철학에 대한 비판적 시각

빛이 있으면 그늘이 있고, 양지가 있으면 음지가 있게 마련이지요. 마찬가지로 아무리 대단한 칸트라 해도 그에 대한 비판이 없을 수는 없다 생각합니다. 먼저 그의 철학 체계가 갖는 몇 가지 모순이 지적되고 있습니다.

첫째는 《순수 이성 비판》을 통해 종교에 치명타를 가하고 나서도, 끝내 종교에 대한 욕구를 숨기지 않았다는 점입니다. 《순수 이성 비판》에서 칸트는 영혼 불멸과 신의 존재를 우리의 이론이성으로는 도저히 알 수 없는 것, 즉 물 자체의 세계에 속한 것이라 뒤로 밀어 놓았지요. 그런 다음, 실천이성에서 다시 불러들였는데요. 이 대목에서 그가 명분으로 내세운 것은 "도덕적 신앙(믿음)에 자리를 마련해주기 위해, 지식을 지양(제한)해야만 했다"는 것이었습니다. 하지만 그가 영혼불멸과 신의 존재를 다루기 이전부터, 이미 그것들의 존재를 머릿속에 그려놓고 있지 않았을까 하는 의심을 피하기 어렵다는 지적이지요.

둘째는 칸트 자신은 프랑스혁명을 열렬히 환영하면서도, 이론적으로는 혁명을 거부하는 자세를 취했다는 점입니다. 칸트는 당시의 계몽주의적 사상가들과 마찬가지로, 국민의 뜻에 따라 법률이 정해져야 하며 국가에는 반드시 삼권 분립이 필요하다고 믿었습니다. 따라서 그가 자유와 인권과 평등을 주창한 프랑스 혁명을 적극적으로 환영했다는 점에는 충분히 수긍이 가는데요. 하지만 그는 법이 제대로 지켜지지 않았다 해도 백성이 저항하거나 혁명을 일으켜서는 안 된다고 주장하고 있습니다. 오직 군주만이 개혁에 손댈 수 있을 뿐이라고 보았던 것이지요.

셋째, 칸트는 물 자체(物 自體)에 대하여 "눈에 보이고 손으로 만져지는 세계, 즉 이 현상계에만 한정되는 우리의 능력으로는 인식할 수 없다"고 단정해 놓고, "그럼에도 불구하고, 우리의 인식 능력을 일어나게 하는 그것이 어떻든 존재하지 않으면 안 된다"고 말하였다는 점입니다. 사실 칸트 철학에서 가장 어려운 개념이 있다면, (사)물 자체일 것입니다. "과연 (사)물 자체가 존재할까? 하지 않을까? 존재한다면, 무엇일까?"하고 고민하는 것은 칸트는 물론 지금까지, 모든 철학자들의 끊이지 않은 궁금증이기도 했는데요. 칸트 역시 이 개념에 대해서만큼은 매우 곤혹스러워했지 않았을까 여겨질 정도입니다.

이것은 합리주의자와 경험주의자들 사이에 낀, 칸트 철학의 위치를 잘 드러내준 지점이기도 한데요. 다시 말해 칸트가 (사)물 자체를 인정하면, 합리주의자들로부터 유물론자라는 비판을 받게 될 것이고요. 그것을 인정하지 않으면, 또 경험주의자들로부터 독단적 합리주의자 편에 섰다는 비난을 받게 될 테니까 말입니다.

넷째, 칸트는 "하여야 한다"고 하는 도덕률의 요구로부터, "할 수 있다"는 자유를 끄집어내고 있습니다. 앞에서 살펴본 대로, 칸트는 도덕적 양심이 우리에게 요구하는 절대적 명령, 즉 정언 명법의 하나로, "너는 언제나 네 의지의 준칙(주관적인 행위의 규칙)이 동시에 보편적 입법(객관적인 행위의 규칙을 세우는 일)의 원리로서, 타당하도록 행동하라"를 들었습니다. 어떤 행위를 할 때, 아무리 내 주관에 옳더라도 과연 그것이 다른 모든 사람에게 적용될 때에도 나는 그것을 받아들일 수 있는가를 먼저 살펴보고 행하라는 뜻이거든요. 그러므로 누구나 옳다고 받아들일 수 있는 것이 아닌 것, 가령 살인이나 도둑질이나 사기 같은 행위는 선이 될 수 없다는 것이지요. 그렇다고는 하나, 과연 그런 명령을 지킬 힘이 우리에게 있는 걸까요? "그래야 한다"는 것과 "그럴 수 있다"는 것은 근본적으로 다르지 않나요? 바로 이 점을 지적하고 있는 것입니다.

이에 대해 칸트는 그러한 명령 형식이 우리 마음속에 있다는 것이 우리가 그것을 지킬 수 있음을 증명한다고 말합니다. 명령을 지킬 능력이 없으면, 그 명령 자체가 의미를 잃어버릴 것이기 때문이라는 것이지요. 예컨대 갓난아기에게 "위인전을 읽고, 독후감을 써내라!"는 명령이 무슨 의미가 있겠어요? 여기까지 보면 칸트의 주장에 일리가 있다고 여겨집니다. 하지만 이 세상에는 간혹 행해질 수 없는 일을 명령하는 사람도 있거든요. 명령을 받고 행하지 못한 경우도 있을 테고요. 이러저러한 상황으로 보건대, 칸트의 답변에는 어딘가 허술한 점이 있는 것도 사실인 것 같습니다.

다섯째, 그의 저서 《순수 이성 비판》과 《실천 이성 비판》의 제목이 말해주듯, 칸트는 '이성'을 비판하는 데 온 힘을 쏟았습니다. 하지만 과연 그 이성을 비판한 것은 무엇이었을까요? 그것 역시 칸트자신의 '이성'이 아니었나요? 그렇다면 칸트는 다른 이성들은 무수히 비판하면서, 왜 자기 자신의 이성은 비판되지 않은 채로 사용하였을까요? 다시 말해 인간 이성의 본질을 고찰하기 위한 칸트 자신의 이성은 비판적 검증을 거치지 않은 채 사용되었다고 하는 역설에 마주치고 있는 셈이지요.

3

칸트 철학에 대한 변호

가장 위험한 일은 이해받지 못하는 것

이상과 같은 비판에는 다소 일리가 있는 것도 사실입니다. 하지만 대부분 오해에 바탕을 둔 경우로 판단됩니다. 여기저기에서 제기된 비판들은 칸트 철학의 약점을 드러내기보다는, 칸트 자신의 의도나 사상을 제대로 이해하지 못한 데서 나온 경우가 많다는 뜻이지요.

이와 관련하여 칸트 역시 "가장 위험한 일은 반박당하는 것이 아니라 이해받지 못하는 것이다"라고 말한 바 있습니다. 이러한 관점에서 다시 한 번 칸트 철학을 변호해보고자 합니다.

첫째, 칸트는 지나치게 합리주의적인 방법을 사용한다고들 말합니다. 이것은 주로 경험주의자들로부터 나오는 비판이겠지요. 그가 주로 '이성'의 연구에 집중하고, 겉으로 그러지 않은 척하면서 은근히 전통적 합리주의자들 편에 선 것도 사실인 듯 보입니다.

결국 〈실천이성〉에 들어와, 영혼 불멸과 신의 존재를 다시 끄집어낸 것 역시 합리주의들과 궤를 같이 한 것으로 볼 수 있거든요. 그러나 칸트는 합리적인 터전 위에서 체계적 구성을 꾀하고 있을 뿐, 경험을 등한히 한 것은 결코 아니었습니다. 그의 인식론에서 끊임없이 '경험'을 강조하고, 끝내 '물 자체'의 개념을 버리지 않은 것은 바로 이를 증명한 것이라 말할 수 있겠지요.

둘째, 윤리학에서 그가 모든 감정적 요소를 물리치고, 의무 개념만을 강조하였다고들 합니다. 실제로 칸트는 《실천 이성 비판》에서 이른바 의무송(義務頌)을 노래하고 있지요?

"의무여, 너 숭고하고도 위대한 이름이여!"로 시작되는 이 대목은, 그가 얼마나 의무에 대해 깊은 존경과 사랑의 마음을 지니고 있는지를 웅변해줍니다. 그는 이 의무와 대립되는 것으로, 경향성을 들고 있는데요. 우리가 그때그때의 기분이나 감정, 욕망 등에 휘둘려서는 안 된다는 뜻이지요. 그리고 칸트가 이렇게 주장한 이유는 그러한 것들(경향성)이 언제든 변할 수 있는 것이기 때문이었습니다.

이런 점에서 보면 칸트는 도덕적이고 선한 행위가 언제 어디서나 끊임없이 일어나기를 바랐을 뿐, 고지식한 엄격주의자는 아니었던 것으로 여겨집니다. 그의 의도가 도덕에 있어서 음산한 금욕주의만을 설파하려는 것이 결코 아니었다는 것이지요. 그는 인간이란 존재가 얼마든지 감정에 의해 행동할 수 있음을 인정하고 있습니다. 다만 도덕적 행위를 하는 데 있어서 하위의 욕구 능력인 감정에 기초를 두어서는 안 된다는 주장을 하고 있을 뿐이지요.

셋째, 칸트는 오성과 이성의 원리에 대해서는 충분한 연구를 하였으면서도, 그것들이 어떻게 발생되는가에 대해서는 설명하지 않았다는 비판이 있습니다. 우리가 살펴보았던 내용을 다시 한 번 끄집어내보면 이렇습니다. 칸트는 우리 인간이 인식하는 능력을 세 가지 갖고 있는 것으로 보았지요? 감성과 오성 그리고 이성이 그것입니다. 감성은 밖에 있는 사물이나 사태를 받아들이는 능력이고요, 오성은 이것들을 정리하고 버무려 그것이 무엇인가를 판단하는 능력이었거든요. 그런데 이성이란 좀 이상하여, 인간이 알 수 없는 것에 대해서까지 끝까지 알려고 하여 문제를 일으킵니다. 물론 그것이 인간의 본능에 가깝긴 하지만요.

여기에서 우리는 감성과 오성, 이성이 각각 무슨 일을 하는가는 충분히 알 수 있습니다. 하지만 과연 그것들이 어떻게 하여 우리 인간의 인식 능력으로 자리하게 되었는지에 대해서는 이렇다 할 설명이 없습니다. 예컨대 사람의 마음속에서 일어나는 현상에 대해서는 여러 가지 학설이 있거든요. 보통은 감정과 이성으로 구분하고요. 좀 더 세분하게 말하는 경우는 감정, 이성, 영성(靈性)으로 나누기도 하지요. 그런데 칸트의 경우에는 보통 사람들이 잘 쓰지 않는 개념인 오성을 한 가운데에 끼워 넣고 있습니다. 과연 오성이 무엇일까요? 보통의 의미로는 인간의 주된 인식 능력, 이성이라 여겨지긴 하지만요.

어떻든 이 문제는 그 이후 눈에 띌만한 발전이 있었고, 칸트의 업적 자체가 그러한 발생론적 관찰에 어떠한 걸림돌도 되지 않았다고 말할 수 있습니다. 오히려 오성에 대한 칸트의 발견이 이후의 철학 발전에 디딤돌 역할을 했다는 평가도 있기 때문에, 이 부분이 크게 문제되지는 않을 것 같습니다.

4

위대한 철학자

작은 거인

이제 칸트가 철학사에 남긴 업적에 대해 말하고자 합니다. 물론 이 자리에서 일일이 다 열거할 수는 없겠지요. 다만 어떤 사람은 문학에서의 괴테에 비유하고 또 어떤 사람은 이전의 철학적 물줄기들을 모두 담아내는 저수지에 비유한다는 사실에서 그의 무게를 가늠해볼 수는 있겠지만요. 그렇다면 5척 단구의 이 철학자를, 오늘날까지 그 누구와도 비교할 수 없을 만큼 위대한 인물로 만든 것은 과연 무엇이었을까요? 그것은 기괴하고 이상한 에피소드나 특이한 성격이 아닙니다. 다름 아닌, 그의 끊임없는 진리 추구와 비판적 탐구정신인 것이지요. 그는 1746년, 자신의 졸업논문에서 이렇

4장_칸트 철학에 대한 평가

게 말했습니다.

"이제 우리는 만약 그것이 진리의 발견에 장애가 된다면, 뉴턴이나 라이프니츠의 명성도 아무 것도 아니라고 내동댕이칠 수 있어야 하고, 지성의 활동 이외의 어떠한 설득에도 복종하지 않을 용기를 가지고 있어야 한다."

어떠한 권위에도 압도당하지 않고 어떠한 편견에도 흔들리지 않은 채, 자기 자신의 독창적인 사고와 진리의 준엄한 명령에 따라 오직 앞만을 바라보고 뚜벅뚜벅 걸어 나간 작은 거인, 그 위대한 정신을 우리는 지금도 흠모하는 것입니다.

또한 우리는 학문 앞에서 지나칠 정도로 진지하고 정직했던 칸트 자신의 태도 외에, 그가 후대의 철학에 미친 크나큰 영향력에 대해서도 인색한 평가를 내려서는 안 된다고 봅니다. 그 파급효과가 얼마나 큰지에 대해서는 이루 다 말할 수 없을 정도니까요. 19세기 철학사는 거의 대부분이 칸트 사상을 받아들이거나 전파하거나 반론을 제기하거나 모양을 조금 바꾸거나, 아니면 새롭게 일으키는 역사라고 해도 지나친 말이 아닙니다. 따라서 새로운 철학을 제시할 수 있다고 자신하는 사람이라면, 칸트 철학에 대한 분석과 검토를 거치지 않을 수 없을 것이라 확신합니다.

진정한 철학자는 누구일까

철학자는 현실에 만족하지 않는다

1804년 칸트가 세상을 떠난 후, 200여 년 이상의 세월이 흘러갔습니다. 그동안 많은 철학자들이 등장했지요. 하지만 칸트 이후의 철학자들은 칸트 당시와는 조금 다른 모습을 드러내기 시작했습니다. 대개의 철학자들이 대학교수라는 하나의 직업인으로 자리 잡게된 것이지요. 물론 칸트 자신도 대학교수이긴 했습니다. 하지만 지금은 그때와는 비교할 수 없을 정도로, 철학 이외의 일로 더 바쁘기까지 한 생활인으로 변했다는 뜻이지요. 왜냐하면 오늘날 대학교수로서의 철학자는 철학을 연구하는 외에 강의와 학생 지도, 사회생활도 등한히 할 수 없기 때문입니다. 그리스 시대나 르네상스 시대에는 대양(大洋)의 한 줄기 빛을 찾아 나섰던 지혜(철학)가 이제는 소시민적인 생활로 그 양식이 바뀌었기 때문입니다.

이에 따라, 철학자들의 삶은 점점 더 무료하고 단조로워졌습니다. 연구논문을 많이 발표하고 강의평가점수가 높다고 해서 대학총장으로부터 상을 받고 더 많은 성과급을 챙깁니다. 그런가 하면, 대우가 더 좋은 대학이나 다른 직장을 찾아 자리를 옮기기도 하지요. 혹시 이러다가 시대적 지성인으로서의 사명감이나 자부심으로 무장하는 대신, 더 많은 돈을 벌기 위해 발버둥치는 직업인으로 바뀌어

버리는 것은 아닐까요? 하나의 문제에 대해 치열한 탐구정신으로 무장하여 오랜 시간 파고드는 대신, 연구비를 타내기 위한 얄팍한 보고서나 프로젝트 계획서를 작성하는 데 많은 시간을 소비하는 것은 아닐까요? 10년, 20년 동안 몰두해 한 권의 책을 써내려가기보다는, 1년 심지어는 한 달에 서너 편의 논문을 마구 쏟아내는 기계로 전락해버리는 것은 아닐까요?

물론 모든 철학자, 철학 교수들이 전부 이렇지는 않을 것입니다. 하지만 몇몇 교수들은 중상류층으로서의 여유를 즐기면서 안정과 보장이 있는 궤도의 삶을 따라 살아가는 데 만족하는 것 같습니다. 이들은 모험과 탐구 정신은 어디론가 내버린 채, 기득권을 유지하고 휴가를 찾아먹으며 주변 사람들보다 더 우월한 지적(知的) 사치를 누리며 살아가는 것 같습니다. 이들의 연구 성과는 나이를 먹으며 지식이 쌓이는 정도에 따라서만 아주 조금 진보할 뿐, 번득이는 영감(靈感)에 의존하는 일은 없어 보입니다. 새로운 아이디어를 찾아내거나 창조적인 활동에 나서는 일이 현재의 여유로운 삶을 위협하기 때문일까요? 언젠가는 철학이라는 학문이 새로운 길을 개척하고 새 시대를 열어간다는 사명감으로부터 완전히 소외되어버릴지도 모릅니다.

연구보다 앞서는 것은 사명감이다

극히 일부이겠지만, 어떤 교수는 자기 보전에 대한 욕구가 너무나 강하여 그 모든 도전들을 '쓸 데 없는 짓'으로 깎아내리기도 합니다. 새로운 철학을 창출하기보다 지난 시대의 선배 학자들이 남긴 유산에 집착합니다. 이들의 연구는 그저 성과로 내세울 무언가를 만들기 위한 도구입니다. 그래서 쾌쾌한 냄새가 나는 도서관의 서가를 뒤지며 옛 문헌을 찾고 주석을 달면서 국제적 또는 국내적으로 인정을 받는 학회지에 실을 논문을 준비합니다. 올해도 작년처럼 연구점수를 많이 따고, 다른 교수보다 더 많은 성과급을 받는 일에 최고의 가치를 부여합니다. 어쩌다 학술상을 받게 되면, 그것으로 대만족이고요.

그러면서 인간의 본질이라든가 인류사에 필요한 이념에 대해서는 내 알 바가 아니라고, 도리질을 칩니다. 그런 일들은 이미 선배들이, 앞선 철학자들이 다 정리해놓았다고 여깁니다. 그리스 철학에 주석을 단 니체를 하이데거가 해석하고, 그 하이데거를 자크 데리다(1930년~2004년)가 다시 해석하고, 그 자크 데리다를 또 다른 누군가가 해석하는 식이지요. 이런 면에서 보았을 때, 20년 동안 한 권의 저서(《순수 이성 비판》)를 위해 끈질긴 사색을 이어가며, 자신에게 주어진 철학적 사명을 끝내 완수해낸 칸트야말로 참으로 위대한 철학자였다고 말할 수 있지 않을까요?

★ 생각이 자라는 질문 ★

01. 여러분은 지금 여러분의 일에 얼마나 많은 땀을 흘리고 있나요?

02. 한 사람을 평가할 때, 기준이 되어야 할 것은 무엇일까요?

03. 만약 여러분이 학자가 된다면, 그 학문을 어디에 쓸 수 있을지를 생각해봅시다.

1724년	동프로이센의 항구 도시 쾨니히스베르크에서 출생
1738년	13세때 어머니 안나 사망
1740년	쾨니히스베르크 대학에 입학
1746년	〈활력의 참된 측정들에 관한 사상들〉이라는 논문으로 대학을 졸업
1747년	가정교사 생활 시작
1755년	논문 〈형이상학적 인식의 제일 원리에 관한 새로운 해명〉이 통과되어, 사(私) 강사가 되어 철학, 자연과학 등을 가르치기 시작
1756년	크누첸의 사망으로 공석이 된 논리학과 형이상학의 원외교수 직에 응시하기 위해 칸트는 《물리적 단자론》이라고 불리는 라틴어 저술을 탈고하기도 하였지만 임용에는 실패
1770년	쾨니히스베르크 대학에서 '형이상학과 논리학'강좌의 정교수로 취임하고, 취임 논문으로 〈감성계와 예지계의 형식과 그 원리들에 관하여〉를 제출
1781년	《순수이성비판(Kritik der reinen Vernunft)》 출간
1783년	《모든 장래의 형이상학을 위한 서설》 출간
1785년	《윤리형이상학 정초》 출간
1788년	《실천이성비판(Kritik der praktischen Vernunft)》 출간
1790년	《판단력비판(Kritik der Urteilskraft)》 출간
1793년	《순전한 이성의 한계 내에서의 종교》 출간
1796년	여름학기를 마지막으로 대학에서의 강의를 마침
1797년	《윤리형이상학》 출간
1798년	프리드리 빌헤름 2세가 사망하자 그때까지 침묵의 약속을 지켰던 칸트는 《학부간의 논쟁》에서 다시 그의 종교철학적 입장을 밝힘
1804년	2월 12일 오전 11시 80세의 일기로 사망

| 참고문헌 |

강성률, 2500년간의 고독과 자유, 형설출판사, 2005

강성률, 철학의 세계, 형설출판사, 2006

강성률, 청소년을 위한 서양철학사, 평단문화사, 2008

강성률, 한 권으로 읽는 서양철학사 산책, 평단, 2009

강성률, 철학스캔들, 평단, 2010

강성률, 위대한 철학자들은 철학적으로 살았을까. 2011, 평단,

강성률, 칸트철학에서의 인간적 자유에 관한 연구, 전북대 대학원(박사학위 논문),1990

강영계 편저, 철학의 흐름, 제일출판사, 1987

강영계, 철학의 이해, 박영사, 1994

강정인 외 14인, 서양의 고전을 읽는다, 휴머니스트, 2006

김두헌, 서양윤리학사, 박영사, 1988

김병옥, 칸트 교육사상 연구, 집문당, 서울, 1986

되링(W.O.Doring), 칸트철학 입문, 김용정 역, 중원문화, 1986

박건미, 철학이야기 주머니, 소크라테스에서 미셸 푸코까지, 녹두, 1993

박정하 외, 동서양 고전 읽고 쓰고 생각하기, 세종서적, 2007

반덕진 편저, 동서고전 2000, 가람기획, 2006

방누수, 청소년, 책의 숲에서 꿈을 찾다, 인더북스, 2012

배석원, 도덕과 종교, 이문출판사, 1988

세계의 대사상(칸트편), 휘문출판사

안광복, 청소년을 위한 철학자 이야기, 신원문화사, 2002

안광복, 처음 읽는 서양철학사, 웅진지식하우스, 2007

이진경, 철학과 굴뚝청소부, 새길, 1997

이진경, 철학의 모험, 푸른숲, 2000

이헌구 외2명, 박물관에서 꺼내온 철학이야기, 우리교육, 1995년

영남철학회, 위대한 철학자들, 미문출판사, 1984

정진일, 위대한 철인들, 양영각, 1988

철학교재편찬회 편, 철학, 형성출판사, 1991

칸트, 〈순수 이성 비판〉, 최재희 역, 박영사

칸트, 〈실천 이성 비판〉, 최재희 역, 박영사

칸트, 〈이성의 한계 안에서의 종교〉, 신옥희 역, 이화여대 출판부, 2001

칸트, F.Copleston, A history of philosophy, 임재진 옮김, 중원문화, 1986

토론논술연구소, 청소년을 위한 세계의 사상, 자우출판사, 2007

하영석 외, 칸트철학과 현대사상, 형설출판사, 1984

한단석, 칸트와 헤겔, 사회문화연구소, 2001

한단석, 서양철학사, 박영사, 서울, 1981

B. 러셀, 최민홍 역, 서양철학사(A History of Westerrn Philosophy), 집문당, 1980

F. 코플스톤, 철학의 역사(A History of Philosophy) The Newmann Press West-minster, Maryland

H.J. 슈테릭히, 세계철학사(Geschichte der Philosophie), 분도출판사, 1981

I.F. 스톤, 편상범. 손병석 역, 소크라테스의 비밀(The Trial of Socrates), 자작 아카데미, 1996

J. 히르쉬베르거, 강성위 역, 세계철학사(Geschichte der Philosophy), 이문출판사, 1987

Jaspers, Karl., "Kant", Die Grossen Philosophen, R. Piper & Co. Verlag. Munchen

Kant,I., Religion innerhalb der Grenzen der blossen Vernunft, Felix Meiner Verlag. Herusg. von Karl Vorlander

Kant,I., Kritik der reinen Vernunft,(Felix Meiner Verlag. .1956)

Kant,I., Kritik der praktischen Vernunft(Felix Meiner Verlag.1974)

Kant,I., Lectures on Philosophical Theology, trans by Allen W.Wood and Gertrude

M. Clark(Ithaca and London:Cornell Univ. Press,1978)

Kuhn, H.H., Die Padagogik Kants in Verhaltnis zu seiner Moralphilosophie, Leipzig, 1910,246.106.〉

Maritain, Jacques., An Introduction to Philosophy,

Maritain, Jacques., Moral Philosophy:A historical and Critical Survey of the Great Systems, N.Y.:Charles Scribner's Sons,1964

P. 존슨, 윤철희 역, 지식인의 두 얼굴(Intellectuals), 을유문화사, 2005

W. 바이셰텔, , 이기상. 이말숙 역, 철학의 뒤안길(Die philosophische Hinter-treppe), 서광사, 1990

도널드 팔머, 참을 수 없이 무거운 철학 가볍게 하기, 남경태 역, 현실과 과학, 2002년

프레데릭 파제스 저, 유쾌한 철학자들, 최경란 역, 열대림, 2005

오트프리트 회페, 철학의 거장들(근대편1), 김석수 외 4명 역, 한길사, 2001년

오트프리트 회페, 철학의 거장들(근대편2), 이영외 외 6명 역, 한길사, 2001년